Ⓢ新潮新書

稲田俊輔
INADA Shunsuke

お客さん物語

飲食店の舞台裏と料理人の本音

1011

新潮社

はじめに

僕は料理人です。店の奥にある厨房の片隅で、一心不乱に手を動かして料理を作っている時だって、いつもその料理が届けられるお客さんに思いを馳せています。

僕は時にサービスマンです。両手いっぱいの料理をお客さんの元に運びながらも、店の中にいる全てのお客さんの様子を窺います。

僕はまた店主でもあります。お客さんと他愛もない会話をしたり、店の経営状況に頭を抱えたり、まだ見ぬお客さんを店に呼ぶにはどうすればいいかを考えたり、何かとやることがあります。

そして僕はお客さんです。お店に行ったら、そのお店を目一杯楽しむことがモットーです。志を同じくするであろう他のお客さんに共感したり、どうもその様子が無さそうなお客さんを不思議な思いで観察したりもします。

僕は物書きのような者でもあります。だからそんな一部始終を、文章にしたためたりもします。この本は、そうやってできた本です。

お店で働いている時は、いつだってお客さんの気持ちを想像します。自分がお客さんの時は、お店の人たちや他のお客さんたちの気持ちを想像します。なんとなくわかる時もありますが、わからない時はさっぱりわかりません。だから僕は、起こったことをありのままに書きました。そしてその隙間を想像で埋めました。

想像が合っているかどうかの確証はありません。ですが少なくともそれは、様々な飲食店における様々な出来事を巡る、僕の心象風景であることだけは確かです。だからこれは、研究書でもルポルタージュでもなく「物語」なのです。

客観的であるようには努めました。幸いこれまで飲食の世界で、お店側、お客さん側、それぞれを様々な立場で経験してきています。だからこの本は、飲食店をいかに楽しむかのマニュアルとしても、もしかしたら役に立つのかもしれません。

ただし、楽しみ方は千差万別ですし、そもそもそうあるべきです。だから本書を通じて、皆さんが皆さんなりの飲食店の楽しみ方を見つけてもらえれば、それがまさに本望なのです。

お客さん物語　飲食店の舞台裏と料理人の本音　　目次

II 飲食店という〝文化〟

Ⅲ　お客さん物語

I　お客さん論

1．客、お客さん、お客様

かれこれ25年以上も前、僕がいろんな飲食店を次々と掛け持ちしアルバイトに精を出していた頃、お店の裏ではお客さんのことを「客」と呼ぶのは割と当たり前でした。

「ウチの客は味のわからん奴ばかりだ」

みたいなボヤキや悪口はもちろんですが、

「奥の卓のあの客、先週も来てくれてたよな」

「昨日はいい客ばっかりだったな」

みたいにそこに間違いなく愛情がこもっている場合でも、主語は「お客さん」ではなく「客」と呼び捨て。もちろんお客さんに聞こえるようなところでは「お客さん」になりますが、それは外面を気にした、あくまで「接客用語」という感じでした。

しかし、ある時僕がアルバイトで新しく入った、とある創作居酒屋は特別でした。そこではお客さんを「客」と呼ぶことが、そこにお客さんがいようといまいと厳格に禁止されていたのです。それどころか、なんと「お客さん」という呼び方すら厳禁でした。ではどう呼べばいいのか——。

答えは、「お客様」です。それ以外は一切許されませんでした。そこがキッチン内だろうとバックヤードだろうと、業務連絡であろうとスタッフ同士の雑談であろうと、常に「お客様」としか呼んではならない。それは鉄の掟でした。

入店した日、先輩たちが、

「昨日のあの酔っ払いのお客様、タチ悪かったよなあ」

「ああいうお客様はマジ勘弁してほしいわ」

というようなグチすらも、「お客様」を貫いて会話しているのを聞きながら僕は、なんかすごいところに来てしまったぞ、とたじろいだのを覚えています。

僕もそうでしたが、この店に入る新人、特に他所《よそ》の店から移ってきたばかりの人間は「お客様」なんて言葉に慣れておらず、ついうっかり「お客さん」という言葉を使って

は、

「おいお前、今なんつった？」

と、店長や先輩にこっぴどく叱られたものでした。

他にもこの店には独特のルールがありました。例えば「テーブル○番お会計です」は完全にアウト。何がダメなのかわかりますか？　この場合「テーブル○番『様』」と言わなければいけません。なぜそう言わねばならないか、店長は明快に説明してくれました。

「『テーブル○番』というのは、我々がそのお客様の名前を知らないから便宜的に使う、仮の名前なんだよ。仮の名前だからってそれを呼び捨てにしていいわけないだろ」

確かにこれは納得せざるを得ません。

他にもありました。

「テーブル○番様からシーフードサラダと手羽先のオーダー入りました」

今度は「様」も付けたし大丈夫だろう、と思いきやこれもこっぴどく叱られます。何がいけないのかわかりますか？　これはけっこう難問です。店長に解説してもらいましょう。

「いいか？　オーダーってのは、待ってりゃ勝手に入ってくるもんじゃないんだよ。お客様にオーダーしていただけて初めて俺たちはその料理を作ってお出しすることができるんだ」

なのでこの場合の正解は「テーブル◯番様からオーダーい、ただ、きま、し、た」です。これもまた他所の店から移ってきたスタッフは度々ミスって怒られていました。

最後、これは超難問です。

「ありがとうございました」

なんとこれもアウトです。三たび店長にご登場いただきましょう。

「『ありがとうございました』ってのは完了形（？）なんだよ。そこで一旦終わってしまうわけだ。俺たちがやるべきことは何かわかるか？　それはそのお客様に次もまた来ていただくことだ。ならばお見送りの挨拶も必ず次に繋がる前提の言い回しじゃなきゃいけないんだよ」

ここまで解説してもらってもまだ難しいかもしれませんが、正解は、

「ありがとうございます」

です。

その応用として、このルールにはもうひとつ続きがあります。一度でも見かけた記憶のあるお客様には必ず、

「いつもありがとうございます」

と言わなければいけないとされていました。常連様扱いされるのは誰にとっても気分のいいものであり、そうすると次も絶対に来ていただける、という強固な信念がそこにはありました。

余談ですが、飲食店を経営する立場となった今の僕は、この「いつもありがとうございます」という言い回しに関してはかなり慎重です。少なくとも一度見かけたくらいでこう声をかけることはありません。現代においてそれは「無理に距離を詰めすぎ」と感じるからです。

数回見かけたことのあるお客さんに、この当時の癖で「いつもありがとうございます」と言って送り出した後、偶然そのお客さんのSNSの投稿を見てしまったことがあります。そこには「せっかく一人で気軽に立ち寄れる店だったのに、急に常連みたいな扱いを受けてこれから行きづらくなった」と書かれていました。本当に申し訳なく思いましたし、今でもトラウマです。

その店は新興の会社が運営する数軒の店のうちのひとつでした。その会社は社長はじめ幹部が、アパレル畑出身の人間や元高級外車のセールス、元デザイナー、といった飲食叩き上げではない異業種からのメンバーで構成されていたようです。だからこそ旧態依然の飲食業の常識にはとらわれず、より顧客目線の徹底した接客の大事さをよくわかっていたのではないかと今となっては思います。

その店の、飲食業経験者ほど戸惑うようなバックヤードルールは、接客に対する意識を単にマニュアル的な技術としてだけではなく、「お客様とは我々にとっていかなる存在なのか」ということを骨身に叩き込ませるための、極めて効果的な手段だったのではないでしょうか。

ちなみに僕がこの店で働き始めたのには、ひとつ明確な理由がありました。その店は評判の繁盛店で、僕も何度かお客さんとして訪れたことがありました。そこで僕が衝撃を受けたのは「料理がおいしくない」ということでした。おいしくない、はやや言い過ぎかもしれませんが、盛り付けこそ何となく洒落た感じにしようと工夫している感が無くもありませんでしたが、料理の味や素材は極めて凡庸、その割には安くもありませんでした。

僕は、

「これほどまでに料理に魅力の無い店がなぜこんなにも流行ってるのか？」

というのがさっぱり理解できず、それを理解するため、という極めて不純かつ失礼にも程がある理由でそこに入店したのです。しかしその疑問は、この一連のバックヤードルールや接客ルール、そしてそれを厳格に守ることによって自然と生まれるスタッフたちの職業意識の高さを目の当たりにして、あっさり氷解したような気がしました。

同時に、おいしくない、と思っていた料理に対しても大きく見方が変わりました。それは確かに僕のような料理オタクから見ると極めてつまらないものでした。しかしそれは、そこに来るお客様がいかにストレス無くその場を楽しく過ごせるか、というテーマに沿って徹底的に考え抜かれたものだったのです。その会社はその後大躍進を遂げ、全国にその店舗を拡大していきました。ちなみに料理そのもののレベルもグングン上がっていったと思います。僕はこれまでのキャリアにおいて、料理そのもの以外の飲食店にまつわる全てをここから学んだと言っても過言ではありません。たかだか半年くらいの短い経験ではありましたが。

現代の飲食業界では「お客様」という言い方はごくごく当たり前のものになっていると思います。これは別にこの会社が広めたというわけではなく、日本全国で接客に求められるレベルがひたすら上がり続ける中で、あちこちで自然発生的に生まれたものではないかと考えています。まさに「お客様は神様です」の時代です。

僕がこの店を上がったのは、友人と一緒に自分たちの店を立ち上げるためでした。新しい店では、僕が半年経験したその店のバックヤードルールや接客マニュアルがほぼそのまま適用されました。「お客様」「テーブル◯番様」「オーダーいただきました」「ありがとうございます」——それらのルールは全て、自分たちの店で四半世紀を経た今も健在です。

ただ同時に僕個人としては、お店とお客さんの関係性は、もっとフラットに対等で、かつ何にも縛られないものであるべきではないかという思いが強まっています。

世間全体もそういう流れであるようなことは肌で感じています。だからこそ僕は個人として「いつもありがとうございます」を封印しました。そして「お客様」という言い回しも少し過剰なような気がしています。

自分たちの店の店内ルールにおいて「お客様」という言葉を廃止することは今更無いと思いますし、そこには今でも一定の意味があるのは確かだと思います。それをスタッフには徹底してもらいつつも、僕は本書の中では「お客様」ではなく「お客さん」という言い回しを用います。今回は、そのことに対するスタッフ達への、そして読者の皆さんに対する言い訳です。

2．常連さんと特別扱い

世の中には「行列のできる飲食店」というものがそこかしこにあります。はたから見ると「さぞかし儲かってるんだろうな」と思われがちですが、実際のところはそういう店もほとんどは、行列ができるくらいでようやく収支トントン、というのがその内情だったりします。特にラーメン屋やカレー屋、定食屋といった、ディナータイムよりむしろランチタイムの方が稼ぎ時になるようなお店だと、その短い時間にすら行列が出来なかったらそもそもその存続が危ぶまれるような厳しいケースも少なくありません。

僕が運営しているインド料理店もそんなお店のひとつです。

行列ができるというのはとても有難いことですが、同時にそれは様々なトラブルの種にもなります。空腹で列に並んで待たされるというのは誰にとっても愉快なことではありません。いかなる時でも絶対に誰一人として「不当に順番を飛ばされた」と感じさせないように慎重に事を進めねばならないのです。

なので多くの店では少なくとも「グループ客は全員揃ってからのご案内」というルールは厳格に守られています。お花見の場所取りとは違うのです。もっと厳格な店では、行列に並び始めるのも「全員揃ってから」というルールが敷かれています。厳密にはその方が合理性に優れています。しかしだからといって、家族連れのお父さんがとりあえず列に並び、後から小さいお子さんを二人連れたお母さんを呼び寄せる、みたいなケースに厳格にルールを適用するというのも情《じょう》のない話です。

どんな店でも、基本ルールは守りつつ様々な例外にはその都度対応する必要があるわけですが、どんなに細心の注意を払っても、時にそれは誰かにとって「不公平」と感じさせる可能性をはらんでいます。

そもそもお客さんを並んで待たせるのはお店側としても心苦しい。並んでいる間にイライラする気持ちは痛いほどわかる。でも行列がある状態で最大限効率よく席を埋めていくということをしないとお店の経営は成り立たない。これはお店にとってもなかなかのジレンマなのです。

　ある時僕は、名古屋にある自分たちのインド料理店でそんなトラブルに直面しました。店頭で順番に席を案内していた時、先頭に並んでいた女性のお客さんに「ちょっと！」と語気鋭く呼び止められたのです。

「何よ！　この店は常連だからって特別扱いするわけ⁉」

　状況はこうでした。

　その女性の前には一人のインド人男性が並んでいました。同じくインド人の同僚と二人でしょっちゅう利用してくれている常連さんの一人です。僕は彼を空いたばかりのテーブル席に案内しました。そこで二言三言会話をしていると、すぐにいつもの同僚氏が遅れてやってきてそのテーブルについたというわけです。

　確かにそれは女性からしてみれば「不公平」でした。

　ただしその日、彼らは最初は二人で揃って列の最後に並び始めたのです。そしてすぐに一人が会社に忘れ物をしたことに気付き、一度列を離れました。もちろんそれであっても厳密には僕はルール違反を断行したことにはなりますが。

　しかし、その時点で丁度カウンターの一人席は1席だけ空いたばかりで、そこを片付け次第すぐにその女性を案内する目算もありました。

僕は「しまった」と思いながら、その状況を女性に説明して、必要な謝罪はして、納得してもらわねばと焦りました。

常連だからって特別扱いするのか、という詰問に対して、「申し訳ありません、決してそのようなつもりはないのですが」から始まる弁解と謝罪の言葉を頭の中で瞬時に組み立てながら、しかし僕の口からはなぜか咄嗟にぜんぜん違う言葉が飛び出していました。

「はい。常連様なので特別扱いしました」

実際彼らは特別な常連さんでした。

南インドの南西端、ケララ州出身の彼らは、ある時たまたまこの店を訪れ「名古屋でまさかこんな風に故郷の味を楽しめるなんて」といたく気に入ってくれました。しかもその料理を作っているのが僕自身も含め全員日本人ということを知った時には随分と面白がってもくれました。

確かに、異国の地で異国の人間が自分たちの故郷の味を再現することに心血を注いでいる、という状況は、なかなかシュールかつ痛快なものかもしれません。しかもイタリアンやフレンチといった世界的にメジャーな料理ではなく、少なくとも日本では極めてマイナーな南インド料理を、しかも殊更日本人の味覚に合わせてアレンジすることよりも現地の味を再現することの方を優先して作っている。なんたる酔狂かと思ったことでしょう。

もちろん僕の方も、自分が作る料理が現地の方の舌も満足させているという事実は、大いに自尊心を満足させてくれるものでもありました。しかも彼らは度々「これは現地のレストランよりおいしいよ」などとリップサービスにも余念がありませんでした。さすがに僕もそれは話半分に聞き流してはいましたが、嬉しいのは当然です。

彼らは少なくとも週に一度は来てくれて、その度にテーブルに並べ切れないほどの料理を頼み、この店にしては安くはないワインも開けてくれました。時には「今日のラッサムはちょっとマスタード焦がしすぎじゃない？」と的確なアドバイスもくれるし、「今度はこんな料理も食べたい」とリクエストをくれたりもしました。そのリクエストを受けて始めることになった「ドーサ」という南インドならではのクレープ料理は、その後この店の看板料理の一つにもなりました。

そんな彼らのことを僕はその時「特別じゃない」なんてとても言えなかったんだと思

います。だから咄嗟に、ほぼ売り言葉に買い言葉みたいな返答が口を衝いて出てしまったのでしょう。

「常連様なので特別扱いしました」

しかしそれを言ってしまって僕はさすがに今度こそ心底、

「しまった……」

と思いました。当然です。これは彼女を完全に怒らせることになるでしょう。これまで飲食業に携わってきた中で少なからぬクレーム対応は経験してきましたが、こんな「やらかし」はさすがに初めてです。

急に冷静になった僕は慌てて弁解の言葉を探しましたが、何も思いつきません。気まずいどころではない沈黙の刻が流れます。

ところが、事態は思わぬ方向に転がりました。

しばしあっけに取られていた彼女は次の瞬間、激怒するどころかクスクスと笑い始めたのです。

「確かに、それもそうね」

その瞬間僕は、ホッとするより先に彼女のことを「尊敬」しました。

「ご案内いたします」

僕はどこか誇らしい気持ちで、彼女を綺麗に片付いたばかりのカウンター席にエスコートしました。

この話はこれで終わりなのですが、「ドーサとインド人」ということでもうひとつ別のちょっとしたクレームを思い出しました。

ドーサは、油の馴染んだ高温の鉄板に生地を薄く伸ばして焼く料理です。ところが新品に近い若い鉄板はまだ完全に油が馴染みきってはいないためか、時折「機嫌を損ね」ます。生地が鉄板に張り付いてうまく焼けなくなるのです。いったんこれが起こると、一度鉄板を磨き、温度を上げながら再びゆっくり油を馴染ませ直す必要があり、それにはどうかすると30分以上の時間がかかるのです。「機嫌」が直り切る前に焦って焼き始めると、生地は再び鉄板に張り付き、元の木阿弥、最初からまたやり直しです。

ある日の昼下がり、一人のインド人客からオーダーされたドーサを焼こうとした時に、鉄板は突然機嫌を損ねました。僕はすぐにお客さんの元に赴き、こうこうこういう事情で30分ほど待ってほしい、と先に謝りました。しかしこの時は焦って不完全な状態で1

回焼き始めてしまったこともあり、結局45分ほど待たせることになってしまったのです。

完全にこちらの不手際です。平謝りするしかないのは当然です。何を言われても弁解の余地はありません。実際、そのインド人客はこんなふうに不満の意を表明しました。

「インドではよくあることだけど、日本でこれはまずいだろう?」

ごもっともです。ごもっともなんですけど、僕はその時微妙に釈然としませんでした。インドでそれを許すんだったら、ここでも許してくれたっていいじゃないか、と。

しかし今思えばそれも、来日してそのシビアなビジネス環境を身をもって体験したインド人ビジネスマンならではの、的確かつ親身なアドバイスだったのかもしれません。

3．レビューサイトのお客さん

食べログやグーグルマップなどの飲食店レビューは、現代において趣味の食べ歩きだけにとどまらず、日常の飲食店選びにも欠かせないツールになっています。実際にその店を利用した人々のリアルな感想がすぐに得られるのはありがたい反面、心無い中傷や根拠のない決めつけもあったりして、「評価があてにならない」という批判もあるようです。

嗜好や価値観は人それぞれですから、そういうことが起こるのもある程度は仕方ないことなのかもしれません。なのでそこは、利用する側が情報を取捨選択して賢く使うしかない、ということになります。

僕はその効率的な利用法のひとつとして、「まず低評価レビューから見る」ということとをよくやります。高評価レビューって案外自分の言葉で書かれていなくて、結局「おいしい」としか言ってなかったり、テレビのグルメ番組でもよく見かけるような定型句に終始したりしているものが大半。その点、低評価レビューには、逆に生々しい感情が溢れています。もちろんそこには偏った価値観や料理への無理解、時にはあからさまな悪意も存在するわけですが、そういった毒気に当てられず冷静にそれを読み込めば、そこにはその店の真の姿がリアルに浮かび上がったりもするのです。

例えばフレンチ、イタリアン、スペイン料理といった欧風料理の店に関して言えば、そこに「しょっぱい」「油脂がくどい」「香草がキツい」(なので「食べられたもんじゃない」)といった低評価がいくつかあれば、僕は「これはアタリの店かもしれない」と判断します。塩気や油脂を控えて、誰にでも食べやすく、どこからも文句が出ない料理を作るのは、プロならそう難しいことではありません。なのにあえてそれに背を向けるということは、そうやってでも表現したい明確な何かがあるということでしょう。この場合であれば、おそらくクラシックでどっしりとした料理を目指していることが推測可能です。

誰にでも食べやすい現代的な料理と、食べ手を選ぶクラシックな料理——もちろんどちらが上というわけでもありません。しかし概《おおむ》ね世間において後者の存在は貴重です。お店によっては、クラシックを標榜しつつも実際はメニューの中のごく一部だったり、現代的に食べやすくアレンジされていたりすることも少なくない。高評価のレビューだけ見ていると、それがどんなタイプのお店であっても区別なく、

「とにかく絶品です！」

「何を食べてもおいしい」

「素材を生かした豪快かつ繊細な料理」

「内容に対しては安い」

といった「何も説明していないに等しい」定型句が並んでいることのほうが多いようで……。

だからこそ低評価レビューは貴重な情報源になり得るのです。

ただしこれは、あくまでお客さん、消費者側だけから見た話です。

ある時こんな質問を受けました。

「お店の人は飲食店レビューで好き放題書かれることをどう思ってるんですか？」

この答えは基本的には大変シンプルな話で、高評価が付けば嬉しいし、低評価が付けば悲しい、それに尽きると思います。

この嬉しい悲しいは、それが店の集客・売上を左右するという純粋にビジネス的なものと、単純に人として褒められりゃ嬉しいし貶《けな》されりゃ悲しい、というプリミティブな感情がミックスされています。

そこでとても重要なポイントがあります。

たとえ10件の高評価があったとしても、1件の低評価があれば、高評価の嬉しさなんて全部吹っ飛んでしまうのです。

たった1回貶される悲しみは、10回褒められる嬉しさを簡単に帳消しにしてしまうということです。褒められる喜びは一瞬ですが、貶されれば延々とクヨクヨしてしまう……。

その低評価が店の改善のヒントになる的確なものであればまだクヨクヨしがいもあるってなもんですが、残念ながら低評価の多くはマッチングミスです。僕はこれを「不幸な出会い」と呼んでいます。

「そういうのがいいんだったらそういう店に行けばいいのに、どうしてわざわざウチに来て文句言うの？」

と言いたくなるやつです。

低評価を書き込む人は、たぶんですが、多くのお客さんがその店と関わる中で自分ひとりの意見なんてささやかなものだろうと思っているんじゃないかと思いますし、だからこそ貶すべきことは貶して少しでもバランスを取るべきみたいな使命感もあるのかもしれません。

それは決して間違ったことではないかもしれませんが、実はそれは店（の人のメンタル）に存外大きなダメージを与えている。「だから批評なんてするな」というのももちろん違うかもしれないのですが、その甚大なるダメージには常に思いを馳せて欲しいなとは思います。

店側の対処としては、店を貶したら貶した方が恥をかく、みたいな構造を構築するしかありません。

もちろんその前に、サービスや商品のクオリティを上げ、かつミスを無くすという基本的な努力はありますが、これはレビュー云々関係なく当たり前のことですし、それをやったからといって低評価を全て回避できるわけではありません。

おいそれと貶されないようにするためには、その店の思想・方針・ポリシーなどを世に広めていく必要がありますし、そもそもそのコンセプトが「貶しづらい」ものである必要もあります。自分で言うのもなんですが僕はそういうことに関しては狡猾ですし、それをアピールする、ＳＮＳや各種ネット上のメディアなどの場も持っています。

しかし全ての店がそうとは限らない。よしんばそういうことをやれていたとしても、関係なくそこに突撃してくる無敵の人はいます。なので、店を的確に理解した高評価レビューが溜まる事が、ほとんどのお店にとって唯一、それを回避する方法となります。並べて見ると、低評価レビューのどの部分が「無理解」に基づいており、どの部分がある程度的確なものかがわかるからです。

しかしそれとて無理解に基づく低評価を完全には回避できません。そもそもそこまで比較して読み込んでもらえる保証もありません。

だから世の中の結構な割合のお店の人が「レビューサイトなんて無くなってしまえばいいのに」と思っていたり、自分からはそれを絶対見ないようにしていたりもします。

ただ個人的にはそれはそれで少しもったいないとも思っています。割合は少ないかもしれませんが、改善のヒントが得られることも確実にありますし、何より「褒められて嬉しい」という、飲食業をやっていく上でのある意味最大のヨロコビも得られるので。

あとは1件の低評価ごときにクヨクヨしないようメンタルを鍛えるしかないのでしょう。現実的には1件の低評価より10件の高評価の方が世間に与える影響は大きいわけですし。もっと言えば実際は、レビューの何十倍何百倍ものお客さんが実際に店を訪れて楽しんでくれているわけです。あえて星は付けずとも、高く評価しているから通ってくれているファンがその店には大勢いる。

この幸福な事実を改めて嚙み締め、レビューサイトとはほどほどに付き合っていく——これが現代の飲食店主に求められる処世術なのかもしれません。

4. サラダバーとお客さんの経営学

僕が好きでよく行くアメリカ風グリル料理のレストランで起こった小さな悲劇の話をします。それにあたっては、この店のちょっと特殊な料金体系が大きく関係するので、先にこのことについて簡単に説明しておきましょう。

このお店は、メインのグリル料理には自動的にサラダバーが付いてきます。サラダバーと言ってもそこにはサラダ用の生野菜だけでなく、手の込んだ前菜やボリュームのある温かい料理から、パンやスープ、カレー、デザートまで並んでおり、それだけでも十二分に食事が完結します。なのでメニューには、メインのグリル料理が付かないサラダバーのみという選択肢もあり、これが大体3000円くらい。肉や魚介よりむしろ野菜を思いっきり食べたい人はこちらを選択するということになります。ちなみに僕ももっぱらそれです。
しかしこのサラダバーが付いたメイン料理は、ハンバーグやチキンステーキなら３８００円くらいから、ビーフステーキでも４２００円です。つまりサラダバー単品にせいぜい１０００円前後をプラスするだけで立派な肉料理がセットになる、とも解釈可能なので、ほとんどのお客さんはそのセットを選択しているようです。

ある夜、僕がそこで食事をしていたら、隣の席に若い女性二人のお客さんが座り、バーベキュースペアリブのフルサイズを注文しました。一人４３００円で、もちろんこれもサラダバー付きです。実はこのスペアリブはこの店の看板料理のひとつで、その巨大なサイズや柔らかさが評判です。僕も以前から気になっていました。メニュー写真で見るそれはいかにもうまそうでしたが、さすがにサラダバーからのこのサイズはキツいな、ということで毎回諦めていた料理でもあります。この店にはアメリカ人客も多く、そのスペアリブはいかにも彼らの郷愁をかき立てる味付けだと聞いたこともありました。なのでこれはガタイの良いアメリカ人のおっさんたちが手をベトベトにしながら無心でむしゃぶりつく料理であって、我々日本人が迂闊《うかつ》に手を出すべきものではない、という諦観もありました。

なのにそんなスペアリブを、うら若き華奢な女性二人が揃って迷いなくオーダーしたのです。ついつい気になってしまいます。

「これはサラダバーをいかにスマートにセーブして、万全の態勢で肉に臨むかが鍵だぞ」

と、内心すっかり格闘技のセコンド気分の僕でした。

しかし第一ラウンドのゴングが鳴り、彼女たちが最初のサラダバー遠征から帰還した時、我が目を疑いました。二人の皿にはこんもりと溢れんばかりにサラダや前菜が盛られていたのです。

「まずいぞ！　最初から飛ばし過ぎだ！」

心の中のセコンドが警告を発します。もしかしてあの肉のボリュームを知らないとでもいうのか？　という不安もよぎります。いや、しかしそんなはずはありません。メニューブックにおいてその圧倒的ボリューム感は、写真入りでこれでもかとアピールされています。また来店からオーダーまでのスムーズさから推察するに、彼女たちは事前にこの料理をチェックした上で訪れている可能性が高いという印象もありました。

いくら気になるといってももちろんジロジロ見るわけにもいきませんが、視界の端で捉える彼女たちは、そのサラダをモリモリと平らげているようです。テーブルサービスの焼きたてチーズトーストも追加しています。もしや？　と僕は思いました。もしかしたら彼女たちは二人揃ってとんでもない大食いなのではないだろうか。そういえばテレビで見るギャル曽根さんももえあずさんも華奢な女性です。大食いファイターは昔から見かけによらぬものと相場が決まっているではないか。彼女たちももしかしたら、というわけです。

その「もしかしたら」は、彼女たちが2回目のサラダバー遠征から帰還した際にほぼ確信に変わりました。今度は一人の皿にはグラタンやパスタ、タコスなどの温菜がまたもやてんこ盛り、もう一人の皿には整然とフルーツが並べられていました。それをシェアしてやっぱりモリモリ食べ始めます。そもそもセーブする気は微塵も無さそうだな、と察した僕は、勝手に就任したセコンドの職を勝手に辞任することに決めました。もはや僕如きがどうこう言えるようなレベルの世界ではありません。メイン前のこのタイミングでフルーツ、というのも実にそれっぽいではないか。ギャル曽根さんやもえあずさんが、大食いの合間にフルーツやスイーツを口にして「こうするともう一度お腹が空く」なんていう常人には到底理解不能なことを言っているシーンを思い出したのです。これがリアル大食い女王たちの世界か、と納得するしかありませんでした。

パスタやグラタンもあらかた片付けたと思しきタイミングで、ついにやってきました。スペアリブです。僕も初めて実物を見るそれは、メニュー写真詐欺など微塵もないどころか予想を更に上回る巨大さです。その表面はバーベキューソースにぬらぬらとまみれ、少し焦げたような香ばしい香りがこちらまで漂ってきます。やはり完全にアメリカの「おっさんメシ」ではありますが、彼女たちの前にあるとなんだかお洒落な料理にも見えてきます。

これから二人がこの肉とどのような戦いを見せてくれるのか。できることならリングサイド特別シートのチケットを購入して、その様をガン見したいところでしたが、もちろんそういうわけにもいきません。僕は引き続き視界の端でその姿を捉え続けるのでした。

ところが次の瞬間、思ってもいなかったことが起こりました。彼女たちのうちの一人が、スペアリブをサーブした店員さんを呼び止めてこう言ったのです。

「あの、このスペアリブそのまま持ち帰りにしてもらっていいですか？」

そういうことだったのか……と僕は夢から醒めたような気分でした。もしリングサイドチケットを買っていたら即刻払い戻しです。同時に同業者的感覚として「これはマズいことになったぞ」とも思ったのです。

案の定、店員さんは少し困惑した後に、

「すいません、ちょっとそれは……」

と、言葉を濁しました。すると彼女たちは揃って、

「えっ？」

という言葉を発しました。この時の「えっ」は、決して抗議という感じではなく、純粋な驚きだったと思います。普段徹底的に親切でホスピタリティに溢れたこの店で、まさかそんな程度のリクエストが拒絶されるとは思ってもいなかった、というニュアンスを感じました。店員さんもそれを察したのか、少し説明を付け加えました。

「程度によっては、その、多少目を瞑《つぶ》ることもあるんですが、さすがにこの量は……申し訳ありません」

既にセコンドからレフェリーに転職していた僕は「目を瞑る」という言い回しはちょ

っとマズいのでは、と心の中のイエローカードを掲げました。やはり彼女たちも少しカチンと来たようで、

「程度ってどういうことですか？　どのくらいならOKなんですか？」

と、今度ははっきり詰問のニュアンスも含んで食い下がります。店員さんもその言葉選びのミスに気付いたようです。

「一通り食べたけど少し残してしまった、くらいの量ならお持ち帰りのご要望にこっそりお応えできることもあります。だから本当はダメなのですが……ですが今回に限り、こちらそのままお持ち帰りのご用意をさせていただきます」

一瞬のミスからのギブアップでお店側の完敗、といったところです。しかし彼女たちにとってもそれは若干後味の悪い試合だったようです。店員さんが去った後も「この店普通にテイクアウトもやってるのに、持ち帰りの何がいけないんだろう」みたいなことを二人で不満げに語り合っていました。

さて皆さんはこの話、お店側とお客さん側、どちらに共感しますか？

僕は同業者として100パーセントお店側を支持せざるを得ません。言葉選びのちょ

っとしたミスはあったにせよ、理屈だけで言えばここは譲歩するべきではなかったのです。最初に説明した通り格安とも言える価格でステーキなどのメイン料理をセットにできるのは、単なる「まとめ買い割引」ではありません。この店のメイン料理は、件《くだん》のスペアリブほどではないにせよ、どれもなかなかのボリュームです。それを追加するということは、当然ながらサラダバー単品オーダーのお客さんよりも、その可食量が大幅に減ることになります。価格設定はその低減分を見込んだ値引きという解釈が経営的には妥当です。

しかし同時に彼女たちの気持ちもわかります。彼女たちにとってそれは「サラダバー」と「スペアリブ」という別個の商品を合わせ買いしたという解釈でも、それはそれで不思議ではないからです。おそらく一般常識として「サラダバーで取ってきた料理を大量に残すのは許されないこと、ましてやそれを持ち帰るのは完全にアウト」という認識はあったと思います。しかしそれが一緒に頼んだ「別の料理」にも適用されるというのは、感覚的には少しわかりにくい。

それに彼女たちは今日この店に来るにあたって、事前にウキウキと作戦を立てていたであろうこととも容易に想像できます。

「ヘルシーなサラダバーを思いっきり食べて、しかも超おトクな肉料理をお持ち帰りにする！　なんて素敵なアイデア！　私たち天才！」

と。そこで店側の経営的な事情も察せよ、というのも酷な話です。

結局この話には、最初からどう転んでもバッドエンドしかなかったのです。なんたる悲劇でしょう。しかしそのいくつか想定可能なバッドエンドから、おそらくまだ一番マシな結末を導いた店員さんはさすがだったと思います。

僕はますますこの店が好きになりました。

5．貪欲なのに狭量な日本人の味覚

シンガポールの巨大ホテルの朝食ビュッフェで、興味深い光景を見かけたことがあります。

シンガポールは多民族国家です。総人口約563万人の内、中華系が一番多く、それに次ぐマレー系と合わせて90パーセントを占めますが、それ以外にインド系やアラブ系の人々も多く住んでいます。そういう人々が集まって暮らすインド人街やアラブ人街では、立ち並ぶお店も行き交う人々も、母国そのままのような光景が広がっています。異国の中で異国が楽しめる、シンガポールはとても楽しい街です。

そのホテルの朝食ビュッフェは、まさにシンガポールの縮図のようでした。

滞在客の多くは欧米人で、そういったホテルの常として、メインはオムレツ、ハムやソーセージ、サラダ、パン、シリアルといったウェスタン料理が並びます。しかしそれと同じくらいのボリュームで中華料理と、ご当地ならではのローカル料理も並びます。海南チキンライスやスパイシーなビーフン、パクテーといったシンガポール料理も朝から食べられるってわけです。そこに並んでなぜかフォーもあったり、和食（らしき）料理も少し並んでいます。

インド料理がずらりと並んだ一角もあります。シンガポールのインド系住民は南インド系の人が多いこともあってか、「ワダ」や「イドゥリー」といった南インドの定番朝食が中心。豆のカレーやポテトのカレー、揚げパンの「プーリー」なども並びますが、これらは全てベジタリアン料理です。

アラブ料理のコーナー自体はありませんが、各コーナーでイスラム教徒でも食べられるハラル料理にあたるものは、その旨の掲示がありました。

こんな夢のような光景を前にして、僕は初手からテンション爆上がりです。ローカル料理とインド料理、つまり日本では「本場そのままの味」に出会いづらい料理を中心にかき集め、さらにちゃっかりオムレツもマッシュルーム入りで焼いてもらい、そこにカリカリベーコンものせてしまいました。

日本人観光客らしき人々も女性を中心に結構いました。彼女たちはインド料理コーナーこそ横目でスルーしがちでしたが、中華料理とシンガポール料理（と、謎和食）の数々を片っ端からほんのスプーン1杯ずつモザイク画のように皿に並べ、でもオムレツはやっぱり焼いてもらい、ソーセージも添えて、チャーハンも取っているのにパンも取って、もちろんサラダとフルーツも別皿で調達、意気揚々とそれらをテーブルに並べていました。

しかし、です。冷静にあたりを見回すと、そんなことをしているのは日本人だけなんです。

欧米人たちのチョイスはもっとずっとシンプルで、一点集中主義。山盛りのフルーツとサラダをメインに後はシリアルだけ、とか、ジュースとパンとコーヒーだけ、なんて人もいます。パンケーキを山と積み上げ、その横にオムレツやベーコンもたっぷり添えてメープルシロップをドバドバかけて、実にいい笑顔で頬張る巨漢男性もいました。

中国人らしき人々は中華料理ばっかりです。隣接するシンガポール料理には中華ルーツ的なものも多いので、そこまでは越境しているようです。

インド人はもはや当たり前のようにインド料理しか食べません。というか、インド人以外はそこに立ち寄ろうともしません。店内にはベジタリアンと思しき欧米人もいましたが、インド料理コーナーにはこれほどまでに豊饒なベジタリアン料理の世界が広がっているにもかかわらず、それには見向きもせずにサラダと温野菜とフルーツとパンばかりを食べています。

僕はそんな光景があまりにも面白く、自分の食事をすっかり終えた後もコーヒーをおかわりしつつ時々フルーツを一切れだけ調達しがてら店内をぐるりと回遊して、誰が何を食べているかを小一時間ほど横目で観察し続けました。そして、今この場所こそがシンガポール最強の観光スポットであると確信しました。

さて、所変わってベトナムの話をします。かつて仕事でしばらくベトナムに滞在していた時の体験です。

外国を訪れた時は常にそうであるように、僕は連日ご当地のベトナム料理ばかりを食べていました。それもなるべく現地でしか食べられないような料理を中心に選んで楽しんでいました。が、ある時ちょっとした気まぐれでインド料理店を訪れてみたのです。

ベトナムはシンガポールとは違ってインド系の住民は極めて少数です。なのでその時滞在していた首都ハノイでも、インド料理店は数えるほどしかありませんでした。その中の一軒に行ってみたわけです。

結論から言うと、それはなかなか素晴らしい体験でした。その店は「本場そのまま」の味だったのです。日本でインド料理はすでにほぼ市民権を得たと言っていい状況だと思います。しかしよほど入念に店選びをしない限り、「本場の味」に出会うことは困難を極めます。なのにハノイでは数軒しかないインド料理店の一つに、当てずっぽうで飛び込んだだけでアタリを引いた。

すっかり有頂天になった僕は、数日も置かず別のインド料理店にも行ってみました。そこもまたアタリ。「本場そのまま」でした。

これはミラクルなのか？　いいえ、冷静に考えるとそれはむしろ当たり前のことなのです。なぜならベトナムのインド料理店には基本、インド人しか来ないから。少数の例外は普段からインド料理に慣れ親しんでいるイギリス人を中心とした欧米人。ベトナム人は一切来ません。もちろん日本人も来ません。だから、その味に慣れていない人に合わせて、食べやすくローカライズする必要性がそもそも無いんです。日本人客の好みに合わせて徹底的に改変を行うことが求められる日本のインド料理店とは全く状況が異なる、ということ。

こうした日本人の「どこの国の料理でも食べてやろう」という貪欲さは、一体どこから来るものなのでしょう。しかもその貪欲さは、「とはいってもそれは日本人好みにアレンジされていないと受け付けない」というある種の狭量とも表裏一体です。

よく「日本人は外国の料理を日本人好みにアレンジする天才である」と言われます。洋食もカレーも日本人はすっかり自分好みに変えてしまったではないか、と。しかし僕はこの常套句は半分間違っているとも思っています。

中国料理をすっかり日本人好みの中華料理に換骨奪胎した偉大なる人物は、生粋の中国人である陳建民氏です。氏の言葉とされる、「わたしの四川料理少し嘘あります。でも、いい嘘」というのはけだし名言だと思います。

インド料理をすっかり日本人好みに作り変えたのはネパール人です。この「偉業」は、日本人にはむしろ不可能だったのではないかと僕は思っています。

さらにヤヤコシイことに、日本人の中にも一定数、「外国の料理を勝手に日本人好みにアレンジしないで欲しい」と主張する人々もいます。ハイ、僕もその中の一人です。「異国の料理は食べたいけど、それはあくまで日本人好みに調整してほしい」と希望する大多数の人々からしてみれば、形式ばかりを追うポーザーの類にも見られるかもしれませんが、当事者である僕に言わせればそれは誤解です。この話はこの話で、始めてしまうとキリがないのでこの辺にしておきますが、とにかく日本人のお客さんは特殊です。

この独特な気質が何によってもたらされたのか。そこまで考察しないとこの話は尻切れトンボかもしれませんが、正直僕にはその理由がさっぱりわかりません。なので尻切れトンボのままで終わります。理由のわかる人がいたら教えてください。

6．ホームパーティにおける手土産問題

以前、友人がこんなことを打ち明けてくれました。

「ある若いシェフのホームパーティに呼んでもらって、その料理がとにかくおいしくて感動したんだよ。ところが、そのシェフがその後すぐ自分のお店を開いたから行ってみたんだけど、これがあの時ほどの感動は全く無くって滅茶苦茶ガッカリしてさ」

僕は、そんなの当たり前だよ、と返しました。皆さんはなぜそれが「当たり前」なのかおわかりになりますか？

お店で料理を出すというのはとてつもないハンディがあるんです。

かけられる原価はとてもシビアです。そして常に安定した入荷量と価格をキープでき

る食材しか使えません。

オペレーション上の制約はもっとシビアです。いついかなる時も一定の時間内で提供する必要がありますし、だからといって食材ロスは最小限に留めねばなりません。

その料理に「価格以上の価値」があることを誰にでもわかりやすくアピールする必要もあります。

そして何より、その料理には「最大多数の人々の好みに合う」ことが求められます。

高価格かつ小規模で、お客さん側ではなくお店やシェフに主導権があるようなお店なら、これらの制約はある程度取り除けます。

メニューは○万円のお任せコースオンリー、当然ながら予約は必須で、カウンターのみで開始時間は決められていて一斉スタート、みたいなパターンですね。もちろんそういう店は、飲食店が負う様々なハンディからはある程度解放されます。それはそれでまた別のプレッシャーもあるわけですが、いずれにせよそういうスタイルの店は数多《あまた》ある飲食店の中ではほんの一握りに過ぎません。

件のシェフが新しく開いた店は少なくともそういう店ではありませんでした。決して高価ではなく、誰もが気軽にふらっと入れる店。その店のメニューとホームパーティの時のメニューは似たようなものだったようですが、本質的には全く別のものだったはずです。ホームパーティなら、素材自体はごく普通のものであったとしても、完全予約制の高級店以上に作り手に主導権があります。気心の知れた友人や彼らの招待客がゲストなら、作り手は伸び伸びと腕を振るえる。

だから、料理が決して苦手ではない人が家庭で作る料理のおいしさは、お店の味を簡単に凌駕してもちっとも不思議ではありません。料理が得意な人が気合を入れた「もてなし料理」ならなおさらでしょう。プロのシェフのホームパーティに招かれる経験はなかなか無いかもしれませんが、アマチュアだけど料理上手な人のホームパーティにゲストとして招かれる機会のある人は少なくないと思います。あれは本当に良いものです。純粋においしい料理を楽しむという点では最上の機会のひとつだと思います。

ちょっと前置きが長くなってしまいました。今回の本題は、そんなホームパーティに招かれた時は何を手土産に持っていくべきか、という問題です。珍しく実用的な話でもあります。

最初に海外でのあるエピソードをお話ししましょう。アメリカだったかヨーロッパだったかは忘れましたが、とにかく欧米での話です。

あるホームパーティに招かれた日本人女性が、手土産にチーズケーキを買っていったら顰蹙《ひんしゅく》を買いました。話はそれだけです。

どういうことかわかりますか？　そう、そのパーティの主催者は当然、デザートも手作りで用意していたからです。話はそれだけです。

それだけの話なんですが、ここには決定的な文化の違いが表れています。日本における「デザート」は、一通り食事が終わった後にそこに付け加えられるものです。「お口直しのデザート」なんていう言い回しがそれを象徴していますね。ケーキだって食後、すなわち「食事が終わった後」に食べるものです。

アジア圏は概ね日本と同じ感覚だと思いますが、欧米は違います。「お口直しのデザートをどうぞ」なんて言ったら、極端な話、

「何を言ってるんだ、むしろこれからが本番だろう」

なんてことにもなりかねません。そう、デザートはあくまで食事そのものを構成する重要な要素。前菜、メイン、デザートまでがワンセットの食事なのです。

なのでホームパーティを催す側は当然、欠くべからざることとしてデザートまできっ

ちり用意します。そこにケーキを手土産で持っていくのは、「お寿司パーティやりましょう」と言われているのに巻き寿司を買ってくるくらいには頓珍漢ということになります。

おっと、今回は実用編ですのでウンチクはこれくらいにしておきましょう。とにかく手土産としてデザートはダメです。特に、その日のうちにみんなで食べることが前提となる生菓子系のケーキは最悪です。ここは欧米ではない、日本だ、という意見もありましょう。しかし、事前にホスト側と「デザートは用意するのか？　しないとしたら買っていってもいいか？　料理の流れ的にはどういうものを買っていくのがいいか？」といった周到なすり合わせが可能な関係性でない限りは避けた方が無難です。

では何がいいのか。

ワインは確かに選択肢のひとつです。日本人がチーズケーキを買っていって恥をかいた件のパーティでも、他のゲストの手土産はワインが主でした。しかしここにも危険性は潜んでいます。欧米であればワインは生活に染み付いています。誰しもお気に入りのワインがあり、そういう場で持っていくワインのランク、価格帯にもなんとなくコンセンサスがあります。しかし日本ではそこが少し違います。

ホームパーティを開催するような方であれば、ワインに一家言あることも多いでしょう。そういう場に呼ばれる方も同様です。最悪のケースとしては、各自が持ち寄ったワインをカードにしてマウンティング合戦が始まることすらあります。巻き込まれてはたまりません。参加者の中にワインを語りそうな人が一人もいないことが確認できない限り、やはり避けた方が無難です。

ではワインではなく、自分が普段からもっと慣れ親しんでいるお酒ならどうでしょう。これはアリだと思います。ただし飲み慣れているからと言ってストロングゼロはダメです。多分その日からあだ名は「ストゼロ」になります。かと言って、自分以外誰も知らないようなマニアックな酒は誰も飲んでくれません。「ふーん」で流されるのも、一人しみじみそれを飲み続けるのも辛いです。

飲食物にこだわらないという手もなくはありません。が、とても難しいです。かつて「俺の自主制作CD」を持ってきた奴がいました。持ってくるだけなら「へースゴイネー」と流せば終わりなのですが、世の中には優しい人が多いので、誰か一人が「へー、かけてみてよ」と言ってくれたりします。地獄です。BGMは小一時間それになります。

下手すりゃエンドレスリピートです。むしろ誰も「止めよう」と言い出せなくなる可能性の方が高い。しかも時折感想を述べねばなりません。地獄です。

飲食物以外の可能性を模索すると、それは結局現金に行き着くのでは、となりかねません。もちろんダメです。あだ名（「ゲンナマ」）が付くだけでは多分済みません。

実用編だと言っているのにくだらないことばかり書いていたら紙数が尽きてきました。なので、僕が次にパーティに呼ばれる機会があれば持って行こうと思っているものをお教えします。それは甘納豆です。そう特別好きな人もいないでしょうが、消え物だし、ケーキと違って日持ちします。センスを値踏みされることもないしマウンティングに巻き込まれる可能性もゼロです。

最高に運が良ければ、食事もデザートも終えて数人が残ってお茶でくつろぐ惰性タイムで、誰かがなんとなく袋を開けて、なんとなく皆がつまみ始めるかもしれません。それに対する感想も特にないでしょう。しかしそれを最初から期待してはいけません。実際は皆が帰った後にホストが後片付けをしていたら、部屋の片隅にそれがポツネンと置かれたままなのを発見します。戸棚の奥にしまい込むか、いっそ残飯と一緒に捨ててしまうか少し悩みます。

そして、

「あの人はなんでまた甘納豆なんか持ってきたんだろう」

と訝《いぶか》しみ、パーティの間は存在感の薄かったその人のことが少しだけ印象に残ります。

だからと言って後日あだ名がつくほどでもありません。

最後に、ホームパーティを開催する側の方々にお願いです。

事前に「手土産禁止」を言い渡してください。それでも抜け駆けする人は絶対に一定数いるので、そういうタイプの人には特に強く念を押してください。

じゃないと甘納豆持っていくぞ。

7. ひとり客のすゝめ①——店は歓迎してくれるのか？

ひとり飲みや食事など、一人で飲食店を利用してみたいけどなかなか踏ん切りが付かない、なんて話をよく耳にします。世の中には居酒屋はもちろん、寿司や焼き肉でも平気で一人でふらっと入る人たちはいくらでもいますし、フレンチやイタリアンなどのちょっといい店でも普段から一人で楽しんでいる人たちだって少なくない。

そういう人たちに言わせれば、

「踏ん切りが付かないも何も、普通に行って普通に楽しめばいいんですよ」

ということになるのでしょうが、最初は躊躇してしまう気持ちも、もちろんわかります。

お店の人は本当に「ひとり客」を歓迎してくれるのだろうか？

周りのお客さんに変な目で見られないだろうか？

手持ち無沙汰になってしまわないようにするにはどう過ごせばいいんだろう？

これまでいろんなタイプのお店をやってきた僕が「お店の人」の立場から言うと、「ひとり客が嫌」という感覚は全くありません。そもそも持ちようがありません。特に僕の場合「店の一番の売りは雰囲気でも接客でもなく料理そのもの」という感覚でずっとやってきた部分が大きいこともあり、あくまでおいしい料理が目当てできてくれることの多いひとり客はむしろ嬉しい存在です。

一人だと支払い金額が少なくて嫌がられるのではないか、という心配もあると思います。確かに、テーブル席オンリーで、それが常に満席に近い状態で埋まっているような店においては、ひとり客は売上を落としてしまいかねません。しかしそういう店は極めて限られています。多くの店にはカウンター席がありますし、そうではない店は最初から席数に余裕のあるところが多い。

そしてあえて生臭い話をするならば、ひとり客は（料理をたくさん楽しんでくれるので）客単価が高く、なのに在店時間も短めです。飲み食いよりもむしろお喋りに夢中で長々と逗留するグループ客よりも、ビジネス的にはありがたい存在だったりもします。

真剣に料理を楽しんでくれて、売上にも効率的に寄与してくれるひとり客。むしろ最高のお客さんです!……と言い切ってこの話を終わりたいところなのですが、残念ながら世の中はもう少し複雑だったりもします。

これは僕にとっては不可解以外の何物でもないのですが、ひとり客を歓迎しない店(もしくは店主)というのは世の中に確実に存在します。もちろん席の配置やメニュー内容によっては、そもそもひとり客への対応が難しい店はあります。しかしそういった明確な理由がなくてもなんとなく敬遠する店主は、残念ながら存在します。

こんなことを言うと、せっかくおひとり様デビューを果たそうとしている人たちの出鼻を挫いてしまいそうで気が引けるのですが、現実問題としてそれは有る。ただし、そういう店は「アップデートしていない店」とも言えるのではないか、とも思っています。

先にイタリアンやフレンチのレストランに限定した話をすると、元々欧米のレストランはひとり客を全く想定していません。お客さんは基本二人、しかもそれは「男女のカップル」であることが暗黙の了解です。ずいぶん窮屈な話ですよね。でも、それは昔からそういう文化なんです。だから欧米人の旅行者が「日本は女性一人でもレストランを利用できる点が素晴らしい」と言っているのも、聞いたことがあります。

しかし、日本においてもあくまで本場志向のシェフは、そういう文化ごと「現地そのまま」を自分のお店で再現したいと考える場合もあるようです。

和食や中華でも似たようなことはあります。ごく庶民的な店は別として、昭和以前のそれはあくまで「宴席」の場でした。大人数で集うことが普通で、最小単位も二人。この感覚が今でも持ち越されている店がまだあります。

あくまで個人的な感覚としては、現代、つまり個人個人が思い思いに美食を楽しむ時代においては、そういう旧弊な価値観はアップデートした方がお店にとってもお客さんにとっても幸せなのではないか？　とも思います。とは言え価値観なんてそう恣意《しい》的にすぐさま変えられるものではないし、クラシックなスタイルを律儀に守り抜くということ自体にも価値はあります。だからそういう店は、おひとり様側が察して近付かない、というのが現実的でしょう。

幸いそういう店を見抜く、割と確実な方法があります。レビューサイトです。普段「レビューサイトの評価は役に立たん」と憤慨している人も、こういう時こそは活用してみてください。そこにはひとり客として存分に楽しんだ人もいれば、冷遇されてちょっと悲しい思いをした人もいます。それらの投稿がなくても、なんとなく「察する」ことは概ね可能です。

何にせよ、ひとり客デビューにあたってはレビューサイトが有効です。総合点数などはこの際無視しましょう。レビューの中に一人でウキウキ楽しんでいる様子を報告したものがあれば、（料理の味などには多少ケチをつけていたとしても）その店は狙い目です。そしてそういうレビューを書く人は、他の店でもきっとおひとり様を楽しんでいます。そこを辿っていけば候補店がわんさか見つかる可能性が高い。

もうひとつ有効な方法があります。それはチェーン店を利用すること。チェーン店を一人で利用することに抵抗のある人はそういないでしょうし、チェーン店は良くも悪くも店の人との関係性が薄い。もちろんお客さん同士の関係性も薄い。ここでは全員がモブキャラです。

それでいて、そこを巷《ちまた》の個人店と同様のレストランコンテンツとして利用できる店が決して少なくない。サイゼリヤがイタリアンレストランとして過不足なく利用できるのは多くの方がご存じのこと（?）でしょうが、他にも例えばロイヤルホストは西洋料理レストランとして、大戸屋は小料理屋として、案外申し分ないコンテンツを持っています。ある種の「ごっこ遊び」的に、そういった店で場数を踏むのは、なかなか良い方法だと思います。

「普通に行って普通に楽しめばいいんですよ」

という感覚が、場数をこなすことですんなり腑に落ちたら、後はこっちのものです。

最後に大事なことをひとつ。

そうは言ってもお店の人やお客さんの目はやっぱり気になる、というのは最大のハードルかもしれません。でもね、そもそも、自分が人にどう見られているか気にするほどには、人は他人のことを気にしていないものです。

もしもお店での振る舞い方に慣れていなくて、ちょっとおかしなことをしてしまったとしても、実は誰も気にしません。

よしんば極端に変なことをしてしまったとしても、「あー、世の中には変わった人もいるなー」と、一瞬思われておしまいです。

世の中ではなぜか、

「一人で飲食店を利用してたら近くにいたカップルの女性に『あの人一人で来てる』とクスクス笑われた」

というようなエピソードがたまに語られたりしますが、あれは実話なのでしょうか？

正直そんな状況、ちょっと想像しにくいです。

百歩譲って本当にクスクスされたとしても、それが映画の一場面ならば、あなたは個性的な主人公で、プークスクスした人々はモブキャラです。

おひとり様は、人生の主役を生きるワンシーン。

存分に楽しんでやっていきましょう！

8．ひとり客のすゝめ②――カウンターが濃い店とヤンキーの先輩の店

おひとり様にもおすすめ、と言われるようなお店には、大まかに二通りあります。適度に放っておいてくれる店と、逆にお店の人が積極的にコミュニケーションをとってくれる店。好みは人それぞれだと思いますが、最近の傾向としては前者が主流になりつつあるとは思います。

正直、僕も圧倒的に前者を好みます。基本的にはなるべく放っておいてほしい。もちろん後者の「アットホームな店」の楽しさも、それはそれでわかります。「気さくなマスターや親切な常連さんたちが、初めてのお客さんにも親切に話しかけてくれます！」みたいなパターンですね。うまく波長が合えば思いもよらぬ楽しい時間を過ごせることだって無くはない。

でも少なくとも僕は、最初からそれを望むことはありません。これは自分自身が接客業に携わっていることから来る職業病なのか、もっと根本的な気質なのかはわかりませんが、どうも過度に相手に気を遣いすぎて、自分が心底リラックスできないんです。なのでそういう店はなるべく避ける。

外から中の様子がうかがえる店だとそれなりに判別できることがあります。カウンターに常連さんが集まり、店主を囲んで和気藹々《あいあい》と盛り上がっていたら、そこに入っていく度胸はありません。僕はそういう店を「カウンターが濃い店」と呼んでいます。

某所に、味が心底気に入っている焼き鳥屋さんがあるのですが、大体いつもカウンターが濃くてなかなか入れません。さらにその店はカウンター席が5席くらいと少ないせいもあり、テーブル席の常連さんも椅子ごと半ばカウンターに向いて談笑の輪に加わっていることも多いのです。その状況でたとえカウンターが1席空いていたとしても、そこに座れる勇気のある人はいるでしょうか。いれば尊敬しますし、その方が人生を謳歌できそうで羨ましくもありますが、僕にはレベルが高すぎる。おひとり様最高難度の店のひとつです。

中が見えなくても、いや中が見えないからこそ「ここはカウンターが濃いに違いない」と思わされる店もあります。曇りガラスの引き戸で閉ざされた、小料理屋や昔ながらの居酒屋で多いパターンです。

しょっちゅう前を通りながら、かれこれ数年、入れずじまいの小料理屋さんがあります。僕には、イマドキな店よりなるべく古くさい店に入りたいという願望が常にあるのですが、そこもそのひとつです。その界隈で最も昭和の匂いが色濃い店。基本的にそういう店ほどカウンターが濃い傾向があるので悩ましい。その店はご丁寧に、店先に立派な信楽焼の置物がおいてあり、そこには、

【祝〇〇周年（平成〇〇年）常連客一同より】

というプレートが下がっています。それはもはや【会員制】と書かれているのと同じレベルに感じます。「ここは俺たちの場所なんだから勝手に入ってくるんじゃないぞ」と、釘を刺されているかのよう。そういう店は、本当に部外者が立ち入ることなくそっとしておくべき店なのかもしれません。でも、だからこそ入ってみたいという矛盾した気持ちもあります。

その場合はむしろ、最初から店主や常連さんに気を遣いまくりながら過ごすプレイに

徹して、あくまでその店が培ってきた文化を一滴も濁さない不退転の覚悟で臨みたいと思っています。

昭和の店ばかりでなくイマドキの店でもカウンターの濃い店はあります。例えば、「フードメニューがあまり凝っていない（ポテサラ、ハムカツ、アヒージョ、みたいな）タイプのクラフトビアバー」はその傾向がある。店主はギリギリ若者とは言えない若さで、その少し下くらいの若者たちがカウンターに集っていたりします。ビアバーには限りませんが、僕は「ヤンキーの先輩の店」と分類しています。僕はうっかり入ったその手の店で、カウンターの中の店主さんから、

「どこ中ですか?」

と聞かれたことがあります。つまり、（この辺りの）どこの中学校の卒業生ですか? という質問です。びっくりしました。

その時、隣の男性客二人連れと店主さんは、

「○○先輩最近来ます?」

「いや、あいつもガキが生まれてからさっぱりよ」

みたいな会話を繰り広げていました。

でも実はそういう店こそ、地域のコミュニティのハブになるという、バー本来の役割を果たしている重要な店であるとも言えます。その時は、失敗だったか……と後悔しつつも、「もし自分が地元を離れずこういう店に通い続ける人生を送っていたらどういう風だっただろう?」と、想像しながら飲んで少し楽しくもありました。

失敗といえばこんなこともありました。

その店はやっぱり昭和の匂い漂う店でしたが、どちらかと言うと昼の定食がメインで、夜はそれがちょっとした居酒屋風になるタイプの店でした。これなら気楽そうです。そもそもカウンター席がなく、テーブル席もそうそう満席になる気配はありません。料理もメニュー数は少ないものの、いかにも昔ながらで、発酵具合が抜群の白菜おしんこや素朴な手作りコロッケが絶品でした。僕は、これは良い店が見つかった、とホクホクしながら広いテーブル席を一人で使わせてもらい、ゆっくりと過ごしていました。

ところが僕の後に2組ほどの常連さんが来たあたりから、雰囲気が変わり始めました。隣席に座った茶髪カップルのお姐《ねえ》さんが、

「ここは初めて？　初めてでいきなりコロッケを選ぶなんてワカッテル！」

などとタメ口でご陽気に話しかけてきます。それは別にいいんです。そういう、料理そのものの話題ならむしろ歓迎だったりもします。

しかしその後がキツかった。なんといきなりカラオケ大会が始まったのです。皮切りはそのご陽気お姐さんでした。そこからまた別のお客さんにマイクが渡されます。ママにも渡されます。「マスターも早く出てきなよ」と厨房にも声がかかります。当然間もなく僕にも回ってくる流れです。こういう時は何を歌えばいいんだ。そもそも僕がカラオケで歌えるレパートリーなんて極めて限られています。おいしいコロッケももはや喉を通りません。

姐さんカップルは僕よりだいぶ年下。でも彼女たちはどうも僕のことを自分たちより年下だと思っている。「若い人が来るなんて珍しいねー、ママ」なんて言っています。かりそめの若者を演じるとしても『春夏秋冬』（Hilcrhyme）はさすがに無理があるか。ママやマスター、もう1組の常連さんは僕（の実年齢）よりずっと上。だからと言って『冬のリヴィエラ』（森進一）じゃやりすぎか。自信を持って歌える曲ですぐに思いついたのは『攻撃的国民的音楽』（八十八ヶ所巡礼）だけど、さすがに空気読めない感が強すぎる。ここは安定のミスチルか？　だけど歌えるくらい知ってる歌あったっけ？　むしろ氣志團の方が「ちょっと前まで若者だった人」的な雰囲気にも、キーマンである姐さんの趣味嗜好にも合うのでは……いやこの姐さんはむしろエグザイル系か⁇

悩まないでいいことまで悩んで他人に気を遣ってしまうのは悪い癖ですが、場に溶け込んで盛り上げねば、という妙な使命感も生まれています。しかしそれにしても気が重い。一度マイクが回ってきた時に、

「いやあ、さすがにマスターより先には歌えませんよお～、ぜひお先に！」

と店主に強引に譲った後、着信があったふりをして、

「池袋で飲んでるツレに呼び出されちゃって」

と適当な嘘をついて退散しました。たぶんそれがお互いにとって良かったはずです。

何だかおひとり様デビューを果たそうとしている人をビビらせるような話ばかりになってしまいましたが、これらはあくまで自分の特殊な趣味嗜好や妙なチャレンジ精神が招いたことです。もっと最初から快適におひとり様を楽しむためのノウハウはいくらでもあります。それについては次回語っていきましょう。

9．ひとり客のすゝめ③——もっと世界に「おひとり様」を！

何かと出張の多い僕は、ある時気付きました。

『キャリーバッグはおひとり様の免罪符である』

キャリーバッグをゴロゴロ引いて一人で店に入ってくる、ということは出張ないしは一人旅であることを意味します。そしてそれは、

「別に性格に問題があるから友だちがいないとかじゃないんですよ！　旅先だからたまたま一人なだけなんですよ！」

というわかりやすいアピールにもなるのです。

ネットでも高評価なグルメ系の店の店主なら、

「そうか、ウチの評判は県外にも届いていて、出張の機会を利用してわざわざ来てくれ

たのか」

と、決して悪い気はしません。

ご近所の顔見知りしか来ないような（カウンターが濃い）、渋い店の頑固な店主でも、「あまりに土地勘が無さすぎてうっかり迷い込んで来ちまったか。ちったあ親切にしてやんねえと気の毒だな」

と、優しい気持ちになります。

おひとり様デビューにどうしても抵抗のある人、ないし、ハードルの高そうな店にも思い切ってチャレンジしたい人には、近場であっても、あえてキャリーバッグを転がして行くことを提案します。

キャリーバッグはともかく、居酒屋に一人で行きたいと思っている人は多いと思います。しかし居酒屋というのは、おひとり様にとって居心地が良い店とそうでない店のばらつきが極めて大きいという難しさもあります。

そこで浮上してくるのが蕎麦屋です。蕎麦屋もまた色々ですが、比較的単価の高い、いわゆる「趣味蕎麦」が狙い目。「料理が上品な落ち着いた居酒屋」として楽しめます。単価が高いと言っても、結局、支払額は居酒屋とそう変わりません。そういう店は「量が少ない」「蕎麦も三口で食べ終わってしまう」と文句を言う人も少なくありませんが、そのことは、むしろおひとり様には好都合。是非候補に入れておきたい業態です。

外国人によって運営されている店も、実はおひとり様デビューに最適です。お店の人だけでなくお客さんもほぼその国の人々、というお店は特にそう。

そういう店では、日本人は日本人というだけで予期せぬマレビト（稀人）です。一人だろうが二人だろうが関係はありません。いや、むしろ一人の方がその「神性」は増すことでしょう。

そしてそういうお店にとって日本人のひとり客は、

「ああまた『マニア』が来た」

と、実は既に慣れっこだったりもすることがあります。エスニック系のマニアはだいたいソロ活動が基本なのです。あなたも今日からその一員です。

こういったエスニック店では、そもそも日本語があまり通じないことも多いのですが、それがまた、おひとり様にとって快適な「距離感」を担保してくれるという面もあります。周りの異国の人々と同じものをガツガツと食べていて、ふと顔を上げると、厨房のコックさんがギョロリとした目で興味深そうに（若干心配そうに）こちらを凝視しています。目が合うと、真っ白な歯を覗かせてニヤッと笑います。こちらもニヤッと笑い、親指を立てて「うまいぜ！」のサインを送ります。コックさんはさらに相好を崩し、黙って深く頷きます。ちょうど良いコミュニケーションが、そこにあります。

ガチのエスニック系がおひとり様デビュー向きというのは、何となくこれでおわかりいただけたと思います。ただし、キャリーバッグ作戦との合わせ技はお勧めできません。「なんだ単なる一時帰国か」と思われて、いきなり現地の言葉で話しかけられます（実話）。

エスニック系にはもうひとつ大きな利点があります。それは、必ずしもお酒が前提にならないこと。しかし逆に言うと、日本の外食文化においては、お店が高級寄りになればなるほど、お酒を注文するのが当然になるということでもあります。実際、エスニック系のマニアの中には、食べ歩きを楽しみたいけどお酒が飲めない、飲みたくないのでそっちに行き着いた、という人も少なくありません。

飲み物は飲みたくなければ注文しなくてもいい、というのは、それはそれで正論です。正論ではありますが、しかし、仮にそういうお客さんばかりになってしまうとほとんどのお店は潰れてしまうのも、如何《いかん》ともし難い事実。

「お酒は頼まないけど、その分、料理をたくさん頼めば大丈夫ですよね」

と考える心優しき健啖家《けんたんか》も居りましょう。しかし残念ながらそれもまた違うのです。お酒と料理では、お店にとっての収益が違いすぎるからです。もちろん業態やお店によっても様々ではありますが、基本的に料理はあまり儲かりません。

これは誰も悪くない悲劇です。少なくとも個々のお店が悪いのではない。欧米で生まれた「レストラン」というシステムそのものが、お酒で利益を出すビジネスモデルなのです。日本も基本的にそれを踏襲したと言えますし、宴席としての日本料理店も「酒を酌み交わす場」として同時発生的に発展してきました。

現代は飲酒人口も消費量も明らかな減少傾向にあり、この構造が通用しなくなりつつある、いわば過渡期です。そんな中、例えばミネラルウォーターで1000円取ったりするのは、極めて合理的なやり方だったりするのですが、現実的には、謂《いわ》れのない非難を浴びたりもします。料理に合うノンアルコールドリンクを工夫する店は少しずつ増えてきましたが、全体から見たらまだまだ少数。当面の間は人気ドラマ『孤独のグルメ』の主人公井之頭五郎氏よろしく、ウーロン茶を躊躇《ためら》いなくおかわりするのが現実的かもしれません。
少々理不尽には感じられるかもしれませんが、おひとり様はこういう部分にも気を遣う必要はあるでしょう。

結局のところ、「おひとり様」という素晴らしい楽しみを阻害する要因は、「ある程度以上のランクの飲食店は『社交』が主目的である」という古臭い価値観、これに尽きます。だから、安価な定食が中心の「ひとり焼肉」の店はヒットしても、高級なひとり焼肉の店はなかなか出来ない。一人でファミレスに行くのは簡単でも、個人経営のレストランだと事前リサーチが必要になるし、何かと気も遣う。

僕は昔からずっと主張しているのですが、フレンチやイタリアン、あるいは懐石料理、そういうジャンルこそ、おひとり様をメインターゲットに据えたお店をやるべきだと思います。ラーメン屋さんの「一蘭」をご存じでしょうか。一人ずつ完全に区切られた「味集中カウンター」でラーメンを食べる店です。あそこまで徹底するかどうかはともかく、高級なコース料理こそ、むしろあのようにひとりひとりが「味に集中」するにふさわしいものだと思うのです。全てから自由になって、2時間みっちりおいしいものと向き合うひととき。

　確かに、特別なおいしい料理ほど、同じものを食べた人同士の会話や共感もまた重要かもしれません。しかしそれはＳＮＳなどを利用して、ネットでいくらでも補完可能です。

　そういうお店がいろんな場所に出来たら、僕のエンゲル係数はますます上がってしまうでしょうが、もちろん、それは望むところです。同じように考える人も既に一定数以上はいると思います。しかし、残念ながらまだ世間のトレンドを動かすほどの勢力では無さそうです。

　なので僕はこういった機会に、せっせと布教活動を行なっているのです。いやほんと、おひとり様という楽しみには無限の可能性があるんです。その入り口で躊躇っている多くの人々の背中を押して、そのまま沼に沈めたい。それが僕の野望です。

10. ざわつかせるお客さん

世の中の飲食店は大まかに二種類あります。

ひとつは、複数注文やコース料理が前提の店。居酒屋やバル、フレンチやイタリアンのレストランなどです。焼肉屋さんもそうですね。こういったお店での滞在時間は、概ね1時間を超えます。

もうひとつが、定食屋さんやラーメン屋さんなど、1オーダーで食事が完結するお店。前者にあたる店も、ランチタイムだけはこちらだったりすることもありますね。滞在時間は30分程度でしょうか。

この前者に分類される店を舞台に、時折「居酒屋の水問題」とでも言うべき議論が勃発することがあります。つまり、お酒ないしはそれに代わるウーロン茶などの注文が暗黙の了解になっている居酒屋などの業態において、それらを頼まず「水」で通すのは是か否か、という議論。これに似た議論で「レストランの水問題」というものもあります。構図はほぼ同じですが、こちらには、お酒もソフトドリンクも飲みたくない時に、有料の水が出されることに対する非難も加わります。

これはなかなか複雑な問題であり、是か否かに結論を出すのはなかなか難しいのですが、この場合無料の水で押し通す人が、お店の人々を「ざわつかせ」ているのは確かだと思います。

この「ざわつかせ」は、少し強めに言い換えると「警報」です。

「警戒レベル・イエロー！　当業態に不慣れである可能性のあるお客様がご来店されました。お客様に恥をかかせず、トラブルは未然に防げるよう、警戒を怠らないでください」

というアラートは、接客担当の心の中だけで鳴り響くこともありますし、場合によっては店内で共有されることもあります。

「店長、カウンターのご新規さんドリンクいらないって言ってるんですけどぉ」

「わかった、後で揉めたら困るから、お通しもカットするかを念のために確認してから、後は普通にオーダーを取れ」

「シェフ、3卓のお客様、ワインもソフトドリンクもいらないから水を、とおっしゃってまして」

「ミネラルウォーターは？」

「おすすめしたんですけど普通の水でいいとのことで」

「わかった、無理はしなくていい」

「ただお連れ様の女性が少々決まり悪そうで……」

「それはマズいな、悪いけど一度チーフに対応代わってもらってくれ」

ここで、

「誰がざわつこうと関係ない。ルールが明文化されていない限り、俺は俺が頼みたいものを頼み、振る舞いたいように振る舞うのだ」

というストロングスタイルを否定するつもりはありません。しかし、アラートが鳴らないに越したことはありません。それはお互いのためでもあるのです。

だから『孤独のグルメ』における井之頭五郎氏は、そういう店ではウーロン茶を頼みます。あまつさえそれをおかわりもします。

レストランでもし、後からワインも少しは飲んでもいいかな、と思っていたら、

「後でメインとデザートに合わせて赤ワインを少し飲みたいので、何か見繕っておいてください」

なんてのもなかなかスマートです。

そんなことを言いながら、実は僕自身も、お客さんの側として度々お店をざわつかせていることを自覚しています。

例えば僕は、イタリア料理のお店で、がっつりした肉や魚のメインディッシュをあまり食べたくはなりません。それならばむしろ、パスタを2品頼みたい。しかし実はこれは少々警戒レベル高めの「ざわつかせ」となる可能性があります。なぜなら、イタリア料理店というものは、「スパゲッティ屋さんだと勘違いして訪れるお客さん」を常に警戒しているからです。

なので僕はそういう時、前菜を多めに頼みます。ワインももちろん。そしてダメ押しに、パスタを選ぶときは、

「手長海老のリングイネも猪のラグーも捨て難いなあ。そうだ、メインを諦めて両方にしよう。どっちもメイン級な感じするし！」

と、わざわざ小芝居を打って、勘違いしているわけではない感をアピールします。

イタリアンはこれでいい。しかし未だにアラートを止める術がわからない店があります。それが小籠包専門店、特にそのランチタイム。

日本の小籠包屋さんのランチメニューはだいたい、小籠包3、4個と、麺飯類のセットになっています。しかし僕が食べたいのはあくまで小籠包なのです。なので、一人で行っても頼むものは「小籠包8個の蒸籠《せいろ》を二段」ということになります。

これは経験上、お店の人を100パーセントざわつかせます。本当にそれで間違っていないのかを、念入りに確認されるのです。それだけではありません。たいていの場合「ちょっと中に確認してきます」と踵《きびす》を返され、戻って来た後にようやくオーダーが確定されます。ちなみに断られたことは今までありません。ただし、他に同じようなオーダーをしているお客さんを見たこともありませんが。

ささやかなアラート対策として、一緒に何かしらちょっとした前菜は追加します。頼みたくなる前菜が無かったとしても「ピリ辛きゅうり」みたいな、あってもなくてもどっちでもいいような物を頼みます。これは実は、小籠包の本場のひとつである台湾の流儀でもあります。つまりこれも小芝居なのです。台湾で小籠包の魅力に目覚めた人間が、帰国後それが忘れられずにお店に駆け込み、当たり前のように現地の流儀を通しました、というのがそのストーリー。

しかし、小芝居はまず通用しません。なぜならば小籠包屋さんのパートのおねえさん方は、本場の流儀なんて知ったことではないからです。なので僕は単なる変なおじさんです。

お店にとっては、「こういうものを、こういう組み合わせで、こういうふうに注文して欲しい」という、言わば理想のスタイルのようなものがあります。そしてそこには大きく3つの理由があります。

ひとつは、身も蓋もないですが「利益」です。例えば居酒屋ではお酒が売れないと利益が出ませんし、フレンチレストランもワインで利益を確保しています。その金額で料理を多く頼んでも同じ利益にはなりません。

　ふたつ目はオペレーションです。変則的な注文は、時にお店のオペレーションを乱します。小籠包の大量注文を「中に確認」させてしまうのは、おそらくこれでしょう。

　ここまでは言わば経営的な数字の話でもありますが、最後のひとつはどちらかと言うと理念の問題です。世界観と言い換えてもいいかもしれません。お店にとっての「このお店はこうでありたい」という願い、理想を完成させるための、最後のピースはお客さんです。

　イタリアンのリストランテでカップルがそれぞれパスタ一皿ずつだけを食べている光景は、シェフに小さなため息を吐かせるでしょう。そこで一緒にシーザーサラダをシェアし、傍にカシオレが置かれ、食後にまたそれぞれデザートとコーヒーを楽しんでくれれば、想定に近い「利益」は確保できるかもしれませんし、オペレーションも特に乱しません。しかしそれもやっぱり、シェフの心を少しだけざわつかせます。

　お店の勝手な自己実現欲求に、お客さんの側がいちいち気を遣って合わせてあげなければいけない道理は、確かに無いのかもしれません。しかし、（これはあくまで個人的な意見ですが）お店が作り出そうとしている世界観を理解し、それに身を委ねることは、そのお店を最大限に楽しむための最も確実な方法だと思います。変則的な使い方をするにしても、世界観を理解してそれを尊重する気持ちはやっぱりあった方がいいし、そう思っていることを伝えないよりは伝えたほうがいい。そんなふうに思います。

あと付け加えるならば、お店の理想や世界観なんて実のところ知ったことではなく、課せられた使命を全うするために日々つつがなく決まったパターンで尽力している、パートのおねえさん方のことも、本当はざわつかせたくはない。

そのために僕は小籠包屋さんではどう振る舞えば良いのでしょうか。誰か正解を教えてください。

11. コース料理受難の時代

コース料理が好きです。財力と時間に余裕があれば、今後の生涯で全ての食事をコース料理にしたいくらいです。割烹とフレンチを中心に、イタリアンもエスニックも中華も、その他あらゆる料理を毎日コースで楽しみ続けたい。

料理は作るのも好きなので、家では自分で仕込みまでは行い、後はお抱えコックさんに細かく指示を出しておき、夕食の時間になったら一品ずつ仕上げて出してもらうのも楽しそうです。

石油王にでもなったら、すぐにでもそういう生活に移行したいところです。しかし残念なことに、今後の人生で油田を掘り当てる可能性は、限りなくゼロに近い。なので仕方なく、普段はもっとお気軽な日常食を勝手にコース料理化して楽しんでもいます。

幕の内弁当だって、僕にとってはコース料理です。崎陽軒のシウマイ弁当は、カマボコを口取りとし、前菜としてから揚げとアンズを楽しみ、シウマイの2個だけをまずお凌ぎと位置付け、その他のものも順番を決めてビールと共に食べ進め、おかずが7割がた無くなったところでようやくご飯に手を付けて、そのコース料理は完成します。計画性無く、箸の向くまま気の向くままにおかずとご飯を交互に食べ進めるなんて、もったいなくてできません。

お気軽コースと言えばサイゼリヤもそうです。むしろあの店は、自由にコース料理を組んで楽しむためのレストランです。かつてそんな当たり前のことをブログに書いた僕は、世間から一斉に珍獣扱いされ、それがきっかけでモノカキのようなことを始めるに至りました。人生何が起こるかわかりませんね。

そんな僕は、言うなれば「コース料理至上主義者」なのかもしれません。確かに極端なところはあります。しかし、そこまで極端でなくとも、世の中の人々はコース料理をあらゆる食事の最上位概念として認識しているはずだ、とは思っています。いや、少し違うな。最上位概念であって欲しいと願っている、という方が適切かもしれません。なぜならば世の中には、コース料理が嫌い、という人が少なからず存在するからです。

それはどちらかと言うと男性に多い、という印象を持っています。女性の方からは「自分はレストランでコース料理を楽しみたいけど男性パートナーがそれを嫌がる」という愚痴を頻繁に聞くのですが、その逆はまず無いからです。それは一部には、コース料理はお金がかかりすぎる、という面もあるでしょう。でもそれだけではないのも確かです。

実際に「コース料理が嫌い」と断言する方に、嫌いな理由を聞いたことが何度かあるのですが、だいたいこんな答えが返ってきます。

「間がもてなくてじれったい」

「好きなものを自由に食べたい」

「好きなタイミングで好きなように食べたい」

「堅苦しいイメージがあってくつろげない」

なるほど、ひとつひとつはなんとなくわかります。特にお酒を飲まない方には「間がもてない」問題は一際切実なようです。堅苦しい、というイメージは、場数をこなせば簡単に払拭されるはずですが、そもそも場数を踏みたくなるような魅力も感じないということなのでしょう。

コース料理至上主義者たる僕に言わせるならば、コース料理の圧倒的なワクワク感の前にそんな些細な欠点は取るに足らないものである、ということになるのですが、そこはまあ、純粋に価値観の問題ですね。


これまで、いろいろなジャンルのお店をやってきました。和食に始まり、フレンチや各種エスニック、どの店にもコース料理はありましたし、アラカルトで頼まれても、基本的には順番を考えてタイミングよくそれを仕上げて出すことは使命でした。しかしお客さんの中には常に一定数、それを嫌がる方もいました。そういう方は「出来たものからどんどん持ってきてよ」とおっしゃいます。テーブルがたくさんの皿で埋まると、むしろ嬉しそうです。

年配男性にそういう方が多かったこともあって、彼らは「昭和の宴会」みたいなムードを再現したいのかな、と思っていました。しかしそんな時代を知る人々が少なくなった現在でも、確実にそういうニーズはあるようです。

それでもかつては、誰もがちょっと無理してでもコース料理に大枚をはたいていた気もします。接待や会食でそれは欠くべからざるものでしたし、若者たち、特に男性は、異性の心を射止めるために少し背伸びをしてコース料理を予約しました。そんな風潮は次第に廃れつつあり、コロナ禍はそれに更なる追い討ちをかけました。

もちろんそういう文化は今でも生き残っており、飲食店はやっぱりそれで命脈を保ってもいます。しかし今後ますます、コース料理というものは、限られた好事家のための密かな楽しみとなっていくのかもしれません。

かつての少年少女たちにとってコース料理とは、憧れの対象だったとも思います。オトナの嗜みであり、高嶺の花。いつか自分も食べてみたい。でもそんな憧れもまた、確実に薄まりつつあるように思います。経済的な事情ゆえに高嶺の花が咲く標高が更に高くなりすぎてしまった、という切実な面もあるでしょうね。

若い世代でコース料理の価値の凋落《ちょうらく》を引き起こした要因のひとつが、ＳＮＳによる「映え」の概念だったのではないかと密かに思っています。映えを極めるには、カフェのワンプレートで充分、というかむしろその方が適しています。一皿にありとあらゆるものがのっかったスパイスカレーのブームも同じ原理でしょう。

少し個人的な話に脱線しますが、僕は「インド料理にも（単なるカレー＋αではなく）

コースの概念を定着させたい」と、ずっと企んできました。それが結局、一皿完結型のスパイスカレーにごっそりいいところを持っていかれて、若干ほぞを噛んでいます。

先日、あるイタリアンレストランのランチタイムでの出来事です。

隣の席に、はたちそこそこくらいの若い女性が座りました。その店のランチはパスタが中心ですが、ランチにしては結構いい値段であるかわりに、どのメニューにもなかなか立派な前菜盛り合わせが付きます。その後にはデザートとコーヒーも付く、いわばプチコースです。

僕がワインをちびちび飲みつつその前菜を食べ進めていると、隣の席にも同じ前菜がサーブされました。しかし女性はそれに手を付けようとしません。その後、アイスティも運ばれてきました。ランチセットに付いてくる飲み物を、食後ではなく先に持ってくるように指示したのでしょう。しかし女性はそれにも手を付ける気配は無く、時折水だけを啜っています。

ははーん、と僕は察しました。この女性は、メインであるパスタが来たら、それらをまとめて一枚の写真に収める算段なのでしょう。コース料理至上主義者にはとても共感不可能な行動ですが、そういう価値観が存在することは、ようく知っています。もちろんお店の人も知らないはずはないでしょう。しかし、コトは彼女の計画通りには進みませんでした。

前菜を食べ終えた僕の前には、熱々のパスタがサーブされました。うさぎ肉のラグーを使ったショートパスタです。そして彼女より後から来たお客さんたちにも、前菜の皿が下がった順番で、次々とパスタが提供されました。

どうも静かな戦いが始まったようです。食事のしきたりは最低限守って欲しいと願うお店と、あくまで「一枚絵」にこだわりたい女性の冷戦です。［格式 vs. 映え］の我慢くらべ。この戦いの行方は如何に、と隣でヒヤヒヤしながら、ペコリーノ・ロマーノがねっとり絡まるパスタを頬張る僕。

幸い、戦いはその後すぐに終結しました。女性は、前菜を片付けない限り、待っているだけではパスタは永遠に出てこないことをさすがに察したようです。店員さんを呼び止め毅然とした態度でこう言いました。

「パスタ、早く出してもらえますか？」

店員さんはうつろにも見える表情で「かしこまりました」とだけ答え、数分後に、蟹トマトクリームソースのリングイネがそこに到着しました。僕は彼女がデザートもすぐ出すよう要求したらどうしよう、と勝手にはらはらしていましたが、幸いそこまでは無かったようです。彼女は二つの皿とグラスとカトラリーを良い塩梅に配置すると、そのまま中腰に立ち上がり、テーブルの真上から写真を撮り始めました。

いろいろあったけど幸せそうなので良し、と僕も安心しました。

12. 不安になるお客さん

グーグルマップなんかで飲食店レビューを眺めていると、「接客に難あり」みたいなことが書かれている店がちょいちょいあります。しかしそういう店に実際行ってみると、気になるようなことは何もなかった、なんてのもよくあること。

逆に、接客に対して不満を表明している人のレビューを辿ってみると、他のいろんなお店でも接客のまずさを指摘しているケースもまたよくあります。概ね接客に対する不満は、無愛想、つっけんどん、といった語句で表現されています。

こういったお客さんは常に一定数存在しますが、僕はこういう人々を、ある種の「心配性」であると解釈しています。常に警戒心を緩めない、いや、緩めることができない人々です。

どこに行っても、「自分は歓迎されていないのではないか」「ないがしろにされているのではないか」「それによって不利益を被るのではないか」と不安になってしまう。そうなると、暗い夜道で恐怖心に苛《さいな》まれたら何もかもが幽霊や物の怪に見えてしまうのと同じで、お店の人の態度からついつい有りもしない悪意まで読み取ってしまう。

なので、そこでお店の側がなすべきことがあるとするならば……それはこの種の不安を可能な限り取り除いてあげることでしょう。

そのための接客技術として、最も基本的かつ効果的なのが「笑顔」です。「決して敵意なんかありませんよ、あなたをないがしろになんてしませんよ」という態度をなるべくわかりやすく表明するための、最もベーシックな技術。それはもしかしたら「処世術」と言い換えられるのかもしれません。

欧米だと、この種の処世術は、むしろお客さんの側に課せられた責務と感じられることがあります。自分たちのお店を訪れる欧米人のお客さんたちも、やっぱりこうした本国での慣習を保ち続けていることが多いようです。

特に欧米人のおひとり様に多いのですが、何か真剣な考え事でもしているのか、クールというよりむしろ仏頂面で座っているお客さんも、料理をサーブした瞬間だけ満面の笑顔で（?.）、「Thank you !」と言ってくれます。しかもその時、彼らは必ずしっかり目を合わせます。そしてまたすぐに元の仏頂面に戻り、淡々と目の前の料理を食べ始めます。

日本人でも「ありがとう」と言ってくれる人はそれなりにいますが、目を合わせることまでするお客さんは滅多にいません。欧米人のお客さんたちの、この反射的と言ってもいい振る舞いは、文化的にしっかり染み付いたものという印象を受けます。

ネット上で、スコットランドのあるパブに掲示された張り紙が話題になったことがあります。そこにはこんなことが書かれていました。

「お前が受けるサービスの質は、お前の態度と俺の気分次第だ」

これは、日本における飲食店側のへりくだり過ぎる接客にむしろ違和感を覚えているのであろう、今どきの多くの人々からの快哉を呼びました。ただしこれは、欧米のお店に張られているか、あるいは日本のお店に張られているかで、伝わり方に微妙なニュアンスの違いはあるのではないかと思います。スコットランドのそれは、（誰もがついつい素になってしまう酒場という場においても）普段通りの社会的態度を要求する、言わば常識の再確認なのでしょう。

　しかし少なくともこの張り紙が多くの人々の共感を得たくらいには、日本の飲食店においては、お店側が極端なまでに一方的なコミュニケーション・コストを背負っているのは確かだと思います。お客様は神様だと言わんばかりにふんぞりかえるお客さんとひたすら下手に出るしかないお店の人、という構図は、それが度々批判の対象となる程度には世に蔓延しています。


　冒頭に、お店がなすべきことはお客さんの不安を取り除くことだ、と書きましたが、実際はそれを通り越して、一片の不快感も与えてはならないという使命すら課せられていることは少なくありません。あえて刺激的な言い回しを用いますが、そういうふうにある種のお客さんをつけあがらせてしまったのは、日本の飲食業界の激しい過当競争ゆえなのかもしれません。それは生き残るための術なのです。

　接客というのは、突き詰めて言えば技術です。そしてその技術の精度は、もちろん個人の技量に負う部分が大きいのは確かですが、日本ではそれが高度に、そして徹底的にマニュアル化されてもいます。こういったマニュアル化は、まさにチェーン店の得意とするところであり、今やそれが日本中で最低限の基準となっているわけです。そしてそれは野に下り、多くの個人店のお手本にもなっているという構図。

居酒屋さんなどで、何か注文すると「はいよろこんで！」と返されることがあります。いかにもマニュアル的な「接客用語」であり、どこか滑稽でもありますが、これもまた優れた技術。「こんな忙しそうな中、追加注文をする自分は迷惑がられるのではないだろうか？」という、ありもしない（とも言い切れない面もありますが）「心配」を、少しでも払拭して売上に繋げようという、優しさとビジネス魂が詰まった物言いです。


『孤独のグルメ』は、実在する飲食店におけるとてもリアルな情景が描かれるのが大きな魅力ですが、そこには一点だけ、アンリアルに感じられる点があります。お店の方々が、妙に愛想が良すぎる。モブの常連客たちも然《しか》り。地域に根ざした個人店は、実際はもっと淡々としていることがほとんどだと思います。あんなに常に満面の笑みをたたえ、覗き込まんばかりに目と目を合わせ、フレンドリーかつざっくばらんに、そしてやたら饒舌に接客するなんて、現実にはそうそうありません。

もちろんそういうシナリオや演出無しにはドラマがドラマとして成立しないのかもし

れませんが、同時にそこでは、人々が心中憧れるファンタジックな世界が描かれているのではないでしょうか。

実際の街場の個人店、特に老舗は、もっと淡々としているものです。どうかするとツンツンしているように感じられることも少なくありません。そういう店の多くは、高度な技術が集約された今日的なマニュアル接客とは無縁な時代に始まり、そのまま歴史を紡いで来たからです。

そんな店のツンツン女将に言わせれば、

「そもそもあたしが町内のご近所さんたちを、迷惑がったりないがしろにしたりするわけがないじゃないか」

ということになるのではないでしょうか。それがわかっている常連の爺さんも、広げた新聞から目を離すこともなく「熱燗もう一本」なんて、ぶっきらぼうにオーダーします。そこで女将さんが「はいよろこんで!」なんて返す必要は全くありません。黙って燗をつけて、「はいお待たせ」と、(あるいは無言で)徳利を新聞の端がかすめない位置を注意深く見定めて、ことり、と置きます。そこでは暗黙の了解と信頼関係が、既に醸成されています。

そこにたまさか、グルメサイトで「地元で人気の安ウマ食堂」などと紹介する記事に触発された「食べ歩きの達人」氏が来訪します。女将さんはプロ中のプロですから、その地域コミュニティ外からの異邦人に対しても、分け隔てなくいつものように淡々と接します。達人氏は少し不安になります。

そんな傍で、女将さんは馴染みの客と世間話に興じたりもしています。実はその間も、女将さんは見慣れない新規客への目配りは決して怠ってはいないのですが、注文のタイミングを推しはかる達人氏は更に不安になります。

意を決して「鯖味噌定食いただけますか」とスマートに声をかけますが、女将さんは即座に「鯖味噌今日売り切れ」と、事実のみを簡潔に伝えます。

代わりにから揚げ定食で手を打ち、写真を撮りながらそそくさと食べ終えた氏は、帰り道の地下鉄でグーグルマップを開き、星を二つ付けながらこんなことを書きつけます。

「ホールを取り仕切る年配女性の接客に難あり。常連客以外は冷遇されるようなので、来店を検討されている方はお気を付けられたし。料理はごく普通で、特筆すべき点は無し」

世間ではそれを「被害妄想」と呼びます。

13. 嫌いなものについて堂々と語ろうではないか論

先日とあるトルコ料理レストランで食事をしていると、隣席の中年カップルが、こんな会話を始めました。

「沖縄行きたいけど、沖縄の料理が嫌いなのよねえ」

「え？　何が嫌なの？　ほら、沖縄料理っつっても色々あるじゃん」

僕はその会話の続きが気になってしょうがありませんでした。なぜなら僕は沖縄料理が大好きだからです。自分が好きなものを嫌う人の話は、いつだって興味深い。しかしそこで女性は口をつぐんで考え込んでしまいました。そしてしばしの沈黙の後、ようやく、

「海ぶどうとか」

とだけ答えました。僕はすっかり拍子抜けしました。海ぶどうなんかじゃこの先の会話がちっとも盛り上がらないだろう、と。

拍子抜けしたのはカップルの男性の方も同じだったようで、「海ぶどうって、あれなんか特別な味とかある？　普通、好きも嫌いも無いでしょ」と突っ込みます。隣で僕も心中、いいぞ、その調子だ！　と応援しながら女性の返答を待ちました。しかし女性はそのまま半ば強引にその話を打ち切り、男性も仕方なく「じゃあ台湾行く？」なんて言っています。

おそらくなんですが、彼女は沖縄料理が嫌いという以前に、そもそも何の興味も無かったのではないかと思います。なのでボキャブラリーの引き出しを漁っても海ぶどうしか出てこなかった、それだけのことだったのではないでしょうか。

しかし僕はすっかり不完全燃焼でした。「嫌いなものの話をするなら、何がどう嫌いなのかを最後まで責任持ってちゃんと語れ！」と説教したくなった、というのも手前勝手な話なんですけど……。

かつて「カツカレーが嫌いだ」ということを表明したことがあります。最初はＳＮＳ

で与太話として呟き、その後エッセイとしてその真意を入念に書きました。そこまではまだ良かったのですが、そのエッセイの内容はある時テレビで取り上げられ、幸いなことに多くの視聴者さんに面白がってもらえたものの、同時に少なからぬ人々に怒られもしました。

「多くの人が好きなものを公共の電波で貶すとは何事か」と。

それで怒る人の気持ちはわからないでもないのですが、僕はいまだに微妙に納得が行っていません。なぜなら僕は、カツカレーそのものや、ましてそれを好きな人を否定したわけではないのです。「カツカレーが好きだなんて味覚音痴」などという暴言のひとつでも吐いたのなら、頭を丸めて平謝りします。しかし僕は、自分がカツカレー嫌いであることと、一時期は好きになるための挑戦を続けたがそれはうまくいかなかったという経緯をお話しし、後はひたすらそれが何故なのかという自己分析を行った、それだけなのです。

誰かが好きである可能性があるものを嫌いと言うのは、それだけで道徳的に悪なのでしょうか?

そのことを考える時に、ひとつ重要なことがあります。

僕は子供の頃、散々こんな教育を受けました。

「自分がされて嫌なことはやってはいけません。自分がされて嬉しいことをやってあげましょう」

これがまるっきり間違っているとまでは言いませんが、決して常に正しいわけでもないことを、現代の我々は思い知らされています。

例えば昨今「ルッキズム」という概念が浸透しています。人の容姿に関しては、よほど特別な関係性でない限り言及するべきではない、という道徳です。もはやこれは常識です。

しかしその根拠として、

「例えばあなたが仕事上の関係でしかない人に容姿を褒められても不快なだけでしょう?」

と言われても「いや、そんなことはないです」としか思わない人はいるわけです。それどころか、「自分は容姿を褒められると嬉しいのだから、他人のことも褒めねば!」という、ある種の使命感や親切心、時に処世術として、せっせとそれを遂行してきた人々もたくさんいる。

正直なところ、自分もかつてそんな一人でした。知らぬこととは言え、過去自分がやってきたことを思うと冷や汗ダラダラです。そこにおいて「自分がされて嫌なことはやってはいけません」というテーゼは完全に無力でした。「ジェンダー」「文化盗用」「やりがい搾取」などなど、様々な概念において、この無力性が明らかになってきているのが現代です。我々は「自分に置き換えた時の感覚」に頼らず「知識」でアップデートを続けていかなければなりません。

それは全て承知の上で、あえてこれから、食べ物の好き嫌いに関して「自分がされて嬉しいかどうか」という話をしようとしています。少なくとも現時点では「嫌いな食べ物について語る」というのは、（ルッキズムなどとは異なり）完全悪とまではされていないからです。そして僕は、人々が自由闊達に遠慮なく「嫌いなもの」について語れる世の中の方が望ましい、と思っています。

僕は、自分が好きなものが貶されているのを見聞きするのは、どちらかと言えば好きです。だから冒頭の沖縄料理嫌いな女性の話もできればちゃんと聞きたかった。もちろんそこに明らかな誤解が含まれていれば一言物申したくなりますし、ましてそれが人格否定に結びついていれば言語道断で不快です。しかし、それがあくまで個人の感覚や見解に留まっている限りにおいては、純粋に興味深いトピックだと感じます。

そもそも、あらゆる人に好かれるものなんて、食べ物に限らず存在し得ません。むしろ、本当に良いものほど好き嫌いがはっきり分かれるものです。これは、ジャンルを問わず何かの「マニア」になったことがある人は特に痛感しているはずです。食べ物であれ、映画であれ、漫画であれ、音楽であれ、なんでもそう。「嫌いな人もたくさんいる」ということは、「特別良いものである」ということの、決して十分条件でこそありませんが、必要条件であるとは言えるのではないでしょうか。

「アイデンティティとは他者との相違の総和である」という言葉を聞いたことがあります。大好きな言葉です。

例えば僕は「冷奴をおかずにご飯を食べる」のが好きです。納豆や明太子などとは異なり、これに賛同する人がほとんど存在しないことは百も承知です。だから、たまさか「冷奴とご飯の相性、わかります！」という稀な同志が現れたら確かに感無量です。それは間違いない。しかし、「そんなの絶対理解できないよ！」という意見が次々に出てきたら、それはそれで嬉しい。そこに理由が付け加えられていたらもっと嬉しい。世の中の多くの人が好まないものを何故自分は好むのか、という考察は、己のアイデンティティ（＝他者との相違）を雄弁に説明するからです。

誰の目に触れるかもわからないネット上で嫌いなものについての話はするべきではない、というのは、ある種のマナーとして共有されつつあります。自分が好きなものが貶されるのは悲しい、という気持ちももちろん理解できる。しかし「嫌い」を語るにも実は結構グラデーションがあります。

①「○○の良さが理解できない。なぜならば……」と、分析を含めて自己完結しているもの
②「○○が良いとはどうしても思えない」と、純粋に主観として述べているもの
③「○○はダメだ」と、あたかも客観的であるように決めつけているもの
④「○○を良いという奴はおかしい」と、人格攻撃にまで至っているもの

個人的には、①：◎／②：○／③：△／④：×　だと思っているのですが、皆さんは

どうでしょう？

世間、特にネットの世界では③や④ばかりが悪目立ちして、しかもそれが憎悪が憎悪を呼ぶような不毛な論争に発展することも少なくなく、そのせいで①や②も十把ひとからげに否定されているようにも見えるのです。③や④を駆逐しさえすれば、①や②に基づき、「嫌いなもの」に関して楽しく有意義な意見交換が自由闊達に盛り上がるのでは、というのは理想論にすぎるのでしょうかね。

II

飲食店という〝文化〟

1. お客さんに可愛がられるお店、リスペクトされるお店

僕が初めて仕事としてカレーに携わったのは15年ほど前のこと。川崎市のオフィスビルの一角で今も営業を続けているその店は、「エリックカレー」というお店です。インドカレーやタイカレーを日本人にも食べやすくアレンジしたその店は、ありがたいことになかなか順調でした。しかしそれで気を良くしてその後、都内と岐阜に出店したふたつの支店はさっぱりでした。メニューも味も全く一緒だったにもかかわらず、です。店は立地が大事であり、最初の店はたまたまそれに恵まれていたのだということを痛感しました。

そんな時、また新たな出店依頼をいただきました。2010年頃のことです。場所は東京駅直結の八重洲地下街。うまく行かなかった2店に比べれば好立地です。一方で家

賃は高く競合店も多い。正直僕は全く自信がありませんでした。しかし結局そのオファーは受けることに決めました。あるひとつの計画があったからです。

その計画とはその店を、「カレー屋」という体裁を取りつつ、実質「南インド料理専門店」にしてしまうというもの。カレー屋と南インド料理店は似て非なるものではありますが、いずれにせよお客さん側から見たメニューの中心はあくまでカレーです。ならばそんな「偽装」も許されるだろう、という考えでした。

しかしそのアイデアは社内では全く理解されませんでした。幸い社長だけは「好きにやったら」と面白がってくれましたが、当時の主要スタッフ達は皆、

「なんでわざわざそんなことをするんですか？　場所もいいんだし普通にカレー屋やったらいいじゃないですか」

と、怪訝な顔。しかし僕にはどうしてもそれをやりたい理由がありました。

カレー屋さんであるエリックカレーは「お客さんに可愛がってもらえる店」でした。値段は安く、気軽に利用しやすく、そして多少好き嫌いは分かれるにしても味の評判は悪くない。実際、週に2回、3回と利用してくれる常連さんもいました。可愛がってもらえるというのはとても、とてもありがたいことです。

しかし支店での失敗も踏まえ、僕は「可愛がってもらえるだけではいけない」ということも同時に感じていました。可愛がってもらいつつも同時に「リスペクト」されなければならない、そうでないと疲弊するばかりで店は続かない、というのが僕のたどり着いた結論だったのです。

正直なところ当時の僕には、お客さんの側として「どハマり」していた南インド料理店を自分でもやってみたい、という密かな願望がありました。そしてその八重洲地下街の店はそれを実行する千載一遇のチャンスという身勝手な動機があったことも否定できません。しかし同時に、本格的な南インド料理を提供すればそこには絶対に「リスペクト」が生まれ、それが店を成功に導くという確信めいたものもありました。

なぜなら僕は、当時通っていた、まだ東京にも数えるほどしかなかった南インド料理店の全てをリスペクトしていましたし、好きが高じて現地にまで赴いた南インドの食文化そのものもリスペクトしていたからです。

それまでも、僕は現地で学んだ南インド料理を提供する機会を度々持っていました。エリックカレーのうまく行っていない支店のひとつである岐阜駅店が、あまりにいつも閑古鳥が鳴いていたのをいいことに（?）、そこで定期的に南インド料理を提供するイベントを開催していたのです。そこでは南インド式の定食である「ミールス」を中心に、毎回少しずつテーマを変えて様々な南インド料理を用意しました。宣伝は基本的に当時始めたばかりのSNSのみです。世の中には少数だけど熱量の高い南インド料理ファンが一定数存在していて、僕もそんなコミュニティの一員でした。

月イチくらいで開催していたその南インド料理イベントには、ただでさえあまり寄り付いてくれない地元のお客さんは更に寄り付かず、僕の友人たちを除けばSNS経由の人々しかいませんでした。その中には、わざわざ新幹線を使って東京や大阪から来訪してくれる人々も少なからずいました。

僕が作る南インド料理なんて当時てんで未熟なものだったはずですが、それでも、食事代の数倍の交通費をかけて来訪してくれるお客さんがいる。その熱量の凄まじさを僕は身をもって体験したのです。

「この味なら東京でも充分やっていけますよ。ぜひ東京に出店してください」

そんな嬉しいことを言ってくれるお客さんもいました。僕はそれをすっかり真に受けてしまったとも言えます。

周囲の人々をなんとか折伏《しゃくぶく》しつつ、南インド料理店「エリックサウス」はなんとか開店に漕ぎ着けました。看板には「カレー屋」という体裁を一応は維持するために「南インドカレー」という惹句も付け加え、メニューブックにもとりあえずカレープレートを最初に大きく載せつつ、その後ろに小さく「ミールス」や「ビリヤニ」といった知る人ぞ知るような料理の数々を付け加えました。

開店初日、オープン前から店頭には10人ほどの行列ができました。僕はその光景が既に感動的でちょっぴり目頭が熱くなっていたのですが、その時立ち会っていた幹部スタッフのM氏は「え？　どうして初日からいきなり行列が？」と訝しんでいました。

しかも開店時間になって席についたその人々が、当時まだ日本では知名度ゼロに等しかった「ビリヤニ」を次々と注文するのです。M氏は呆気に取られていました。初日数食しか用意していなかったビリヤニはあっという間に売り切れ、その後来た人々はミールスを注文してくれました。そんな中、通りすがりにたまたま入ってくれたお客さんたちは「チキン」や「キーマ」なんかのカレーライスを注文する。エリックサウスの初日は、そんな感じでまずまずの滑り出しでした。

営業終了後、片付けと明日の準備を終えて深夜、事務所（と言っても、それは郊外のボロアパートの一室ですが）に戻ると、先に戻っていた幹部スタッフM氏はパソコンで食べログの画面を眺めていました。そこには既にいくつかのレビューが並んでおり、ありがたいことに概ね高評価で、なおかつどれも熱量に溢れた長文でした。そして何より嬉しいことに、そこには確かに「リスペクト」のニュアンスがありました。

M氏は缶ビールを啜りつつそれを見ながら、

「イナダさんが何をやろうとしていたのか、これを見てようやく完全に理解しました」

と言ってくれました。

（だからそれは前から何度も説明してるじゃん）

と、心の中で思いつつ、ニヤニヤしながら僕も缶ビールを開けました。

2．マイナージャンルのエスニック

ある時僕は、知人の営むエスニック料理店で食事をしていました。その店はエスニック料理店の中でもかなりマイナーなジャンルの店です。マイナー故に簡単に店が特定されてしまいそうな気もするので仮に「チョメチョメ料理」としておきましょう。チョメチョメ料理の専門店は当地でも数えるほどしかなく、その中でもこの店は特に現地の味に忠実で本格的な料理を提供する一軒です。

食事を終えてチョメチョメ茶でくつろいでいると、店主が突然僕に尋ねてきました。

「イナダさんは『南インド料理』を普及させたいと思ってますか？」

いきなり虚を突かれる質問でした。

僕の仕事の中心と言える南インド料理は、チョメチョメ料理と同じかそれ以上に日本ではマイナーなジャンルです。マイナーであるが故に、度々雑誌やネットメディアの取材を受けることもあるのですが、その中で僕自身は「南インド料理の普及に尽力してきた人物」として紹介されたりもします。かつては「いや、別に僕が普及させたわけではないですから」と言ってその表現を削除してもらったりもしていました。しかしそのうち、そう書いた方が記事の収まりも良いし、何よりそれは自分たちが営む南インド料理店にとってはメリットでしかないと思い、特に訂正も求めなくなっていたのです。

しかしこうやって面と向かって聞かれると、そこは正直に答えるしかありません。

「いや、別に南インド料理そのものを普及させたいなんて僕は思ってないですね」

そしてもうひとつ大事な事を付け加えました。

「僕が世に広まって欲しいと思ってるのは南インド料理ではなく、あくまで『それを扱うウチの店』ですから」

お店にとって一番大事なことは「店を潰さないこと」です。どんな理念や理想や夢よりもそれは最優先事項です。お店、特に飲食店というものは世の中の人が思っているよりずっと簡単に潰れますし、潰れないにしてもその運営収支は常にギリギリです。

「南インド料理」に関して言えば、ある程度そのジャンルが認知されて広まることは、店が潰れるリスクを少し引き下げてくれます。そういう意味では「普及」して欲しいというのは嘘ではないのですが、それはあくまで手段であって目的ではありません。逆に普及しすぎると、店の希少性は失われます。なので先程の僕の回答をもう少し噛み砕くと、

「ウチの店にメリットがある範囲でほどほどに普及するといいですね」

というようなことになります。

僕の答えを聞いた店主は、ホッとしたように言いました。

「ですよね。僕もぜんぜんそんなこと思ってません」

たぶん店主も僕のその答えを半ば予想していたのでしょう。そして「メリットがある範囲で広まって欲しい」という言外のニュアンスも共有していたと思います。

なのになぜ彼はあえてそんな質問をしたのか。

彼曰く、最近はその店も「マニア」の来店が急増しているとのこと。マイナージャンルのエスニック店は、マイナーであるが故にそれを熱く支持するマニアによって支えられている部分が少なくありません。その客層が急増しているのはとても喜ばしいことで

す。

しかし彼は、そんなマニアたちが決まってかけてくる一言に戸惑いを感じていました。それが、

「チョメチョメ料理がこれからもっと普及するといいですね！」

という、ある種の温かい激励の言葉です。

これは言うなれば「マイナーエスニックあるある」です。「お約束」と言っていいのかもしれません。僕もそれまで何度も耳にしてきた激励です。僕はそれを言われるたびにとりあえず「ありがとうございます」とだけ返してきました。それは激励に対する素直な感謝であり、また「程よく普及して欲しい」という意味では決して嘘ではありませんでした。

でもここの店主は、僕よりもう少し生真面目だったのかもしれません。

「普及するといいですね！」

という言葉に対して、自分は何と言って返したらいいかわからないんです、と。

また彼は同じ市内にあるまた別ジャンルのマイナーエスニック料理店の店主が眩しい、とも言っていました。そのバッツバッツ料理店の店主はＳＮＳなどで「バッツバッツ料理の普及

に一生を捧げます！」「これからはバッバッ料理の時代だ！」といったポジティブこの上ない主張を繰り返していました。その発言が心からのものなのか、店の評判をより高めるためのあえての振る舞いかはわからないけど、自分はとてもああいうふうにはできない、と言うのです。

　僕はとりあえず、

「お客さんが言う『普及するといいですね』ってのは純粋な好意と応援なのだから、あまり深く考えずありがたく受け取っておいたらいいと思いますよ」

と、当たり障りのないアドバイスめいたことを言いながら、実のところ自分自身が一番ホッとしていました。こういうふうに考えて、こういうふうに戸惑っているのは、少なくとも自分一人ではなかったんだ、という安堵です。

「〇〇料理が普及するといいですね！」

という屈託のない激励の言葉を投げかけてくれるマニアのお客さんたちも、その実、本当の意味で「普及」して欲しいわけでもないのではないか。僕はそんなふうに思っている部分もあります。それはいわゆる「判官贔屓《ほうがんびいき》」であったり、世間がまだ気付いていない「〇〇料理の価値」にいち早く気付いたアーリーアダプターとしての誇りであったり。

それはどこか、インディーズバンドとファンの関係にも似ていると思っています。「もっと有名になって欲しい」「もっとみんなに知って欲しい」と純粋に願うファン。そしてそれに勇気づけられ心からファンに感謝するバンド。しかし本当にそのバンドがメジャーデビューしてしまうと、古参のファンはなぜか熱意を失ってごっそり離れていってしまう。かつて小さな音楽シーンの中にいたこともある僕も度々目にしてきた光景です。

だから、「普及するといいですね！」と応援するお客さんと「頑張ります！」と応えるお店、そこには微妙な虚々実々が含まれながらも、そんなやりとりが交わされる時代は間違いなくある種の貴重な蜜月期間だと思うのです。お店側としては、その蜜月が長く永遠に続くことを願うばかりなのですが。

3.「接客」という概念の無い店

老舗めぐりが好きです。

洋食屋、蕎麦屋、定食屋など、創業半世紀を超えるような店はどこも何かしら、今の主流の店にはない独特の味や雰囲気があって楽しいものです。

こういう店の中には時々「接客という概念の無い店」というものがあります。

引き戸を潜ってお店に入っても特に「いらっしゃいませ」もない。マゴマゴしているとお店のおばちゃんも怪訝そうにこちらを見ている。仕方がないので適当に空いている席に座る。おばちゃんはお茶の入った湯飲みをドン、とテーブルに置いて、

「何しましょ」

といきなり聞いてきます。

料理が出来上がるのを待つ間、おばちゃんは常連客や厨房の中の主人と世間話に勤《いそ》しみつつ、ただしこちらを全く気にしていないわけではないようで、お茶が空になりそうになると注ぎ足しに来てくれます。

注文した料理は特に「お待たせしました」などの決まり文句は無しに、ただ「はい○○定食」とだけ宣告されて目の前にドンと置かれる。

調理を終えた主人は厨房から出てきて、奥のテーブルに腰を下ろしスポーツ新聞を広げます。

食事を終えてレジで会計を済ませても特に「ありがとうございました」もなく、

「はい120円のお釣り」

と片手で硬貨を手渡してくれます。

去り際にようやく背後から、

「またどうぞ」

という、今回唯一のお愛想がさりげなく聞こえてくる……。

これはまあ、極めてざっかけない大衆食堂なんかのパターンですが、最近のやたらと声を張った「ありがとうございます！」「かしこまりました！」の連発や、一人の「いらっしゃいませ！」から店内スタッフ全員の「イラッシャイマセ！」が続く、いわゆる「山びこコール」に慣れてしまった僕たちには、ちょっとした戸惑いを感じるひとときでもあります。

でもその戸惑いをいったん乗り越えて「あ、この店はこういう店なんだな」と理解すれば、そこはかえって自然で居心地の良い空間だということに気付いたりもするのです。

観光客などにも知られた老舗の名店では、さすがに最低限の「いらっしゃいませ」「ありがとうございました」くらいはありますが、やはり今どきの店とは違い、どこか鷹揚で素っ気なく淡々としていることが少なくありません。それは悪くいうと「愛想がない」「冷淡」「誠意に欠ける」という印象にもなるようで、グルメレビューサイトなんかでは往々にして「老舗有名店の座にあぐらをかいた態度」と酷評されているのを見ます。

しかしそれはおそらくその店にとっては、そういう流儀がずっと何十年もの間「その店にとっての日常」だっただけの話なのです。そもそも「老舗の座にあぐらをかくような店」がいつまでも評判を継続できるほど、この世界は甘くはありません。誤解を恐れず言えば、日本の飲食店で現在主流の、ちょっと丁寧すぎる接客スタイルがむしろ「特異点」なのかもしれません。もちろんそれは飲食店における接客技術が高度に進化した結果とも言えるのかもしれませんが。

僕がもうかれこれ四半世紀くらい通い続けているある洋食店も、かつてはそんな「接客という概念の無い店」のひとつでした。そこでは「いらっしゃいませ」も「ありがとうございました」もありませんでした。常連客がほとんどだったせいもあり、メニューもこちらからお願いしないと持ってきてくれません。水や料理は黙って目の前にドンと置かれました。

それでもそこはまごうことなき繁盛店で、ランチタイムには近隣のビジネスマンが毎日列をなしていました。

その店は客席から厨房が丸見えの、いわゆるオープンキッチンでしたが、コックさんたちはその中で堂々と煙草を吸っていました。その年配のコックさんたちがまた、揃いも揃ってコワモテ。絶対カタギじゃないだろ、という濃い面構えの面々。昔の東映ヤクザ物の映画に出てくる用心棒タイプとか、歌舞伎役者のような風貌ながら目付きは剃刀のように鋭い色男とか、タイプは様々ながら言うなれば全員が劇画タッチ。

そのコックさんたちが、いかにも年季の入った職人らしい鮮やかな手つきでテキパキと仕事をこなし、その流麗な職人仕事によって捻出した僅かな時間の隙に猛然と煙草を吸う姿は、ある意味見事なものでした。煙草を吸い始めた瞬間次のオーダーが入り、くわえ煙草のままフライパンを手にし始めた瞬間も何度か目撃したことがありました。しかし常連客たちは特にそんなことを気にする様子もありませんでした。そのボリュームたっぷりで間違いなくうまい料理を淡々と平らげ、「ありがとうございました」を言わないお店に対して自分たちも特に「ごちそうさま」などと言うこともなく、くわえ楊枝で去っていく……。それがそのお店の日常でした。

しかし世間は刻一刻と変わっていきました。

10年くらい前のことでしょうか。世の中の煙草に対する意識は徐々に厳しいものになり、お店に対して「接客レベルの向上」が当たり前のように求められるようになってきて、更にその店は常連サラリーマンだけではなく観光客やグルメブロガーにも「発見」され始めました。

その店ではある時ついに、キッチン内での喫煙が禁止されました。その代わりに従業員用喫煙所が店外に設けられたのですが、その喫煙所が設置された場所が驚愕でした。それはなんと「店の入り口の脇」だったのです。しかも入り口の間口は1メートル半もありません。喫煙所には営業中もコックさんが代わる代わるそこに登場しましたから、必然的にお客さんの多くが煙草を吸うコックさんの横を窮屈そうにすり抜けながら入店するということになりました。

さすがにそんなシュールな光景がまかり通ることはなかったようで、短期間でその喫煙所は撤去されました。

後に僕はたまたま、その店にいた老コックさんと30分くらい立ち話をする機会を得たことがありました。コックさんはその店の創業者である先代の社長の時代からの最古参の一人で、いきおいその時はその創業社長の思い出話に終始することになりました。

老コックさん曰く、先代は自分自身がコック上がりだったこともあり、とにかくコックさんたちを大事にしてくれた、と。そのコックさんが入店してすぐの頃、店内は大改装されたそうなのですが、社長は改装にあたって「コックの働きやすさ」を何より重視してその設計を行ったと言うのです。その結果、店は改装前より厨房が広く、そして席数は減りました。最初に設置された作業台は「この高さだとコックが腰を痛める」という理由で全て交換されたそうです。

「とにかく社長はコックを大事にしたから、コックは誰も辞めなかった」

僕はそれを聞いて、なるほど、といろんなことが腑に落ちました。

その店は繁華街のど真ん中のビル一階という家賃もバカ高いであろう立地でありながら、確かに妙に厨房が広く客席の狭い店でした。店と共に老いていくコックさんたちはほぼずっとメンバー不動で、全員なんとなくカタギの世界には素直に馴染めなさそうなタイプにも見えたのです。

「社長にとってはお客さんよりコックが大事だった」

という彼の言葉は、仕事ができれば煙草くらい自由に吸え、と言わんばかりのあの顛末の意味を雄弁に物語っていたんだな、と納得できました。

喫煙所事件と時を前後して、その店は接客も大きく変わり始めました。もしかしたら外部のコンサルティング会社が入ったりもしたのでしょうか。今では明るくハキハキとした「いらっしゃいませ」「お待たせしました」「ありがとうございます」の声が店内を飛び交っています。劇画タッチのコックさんたちは相変わらずメンバーほぼ不動ですが、コックコートの首元には可愛らしい赤いスカーフが巻かれていて、コワモテとのアンバランスさが失礼ながら少し滑稽だったりもします。

コックさんと同じくらいお客さんも大事にする。もちろんそれは常連さんも一見さんも分け隔てなく。そんな誰も文句のつけようの無い名店に進化したと言えるのかもしれません。もしかしたらその陰で、どこかに負担の皺寄せが行っているのかもしれませんが。

それでもやっぱり僕は、その店があまりにもまっすぐで不器用だった時代が少しだけ懐かしくもあったりはするのです。

4. あるラーメン店の老成

僕が20代の頃から通い続けているラーメン屋さんがあります。

いや、通い続けているというのは正確ではないかもしれません。その店には当初続けざまに数回行った後は、せいぜい3、4年に1回、ふと思い出して立ち寄る程度になっているからです。

なぜそんな程度の頻度でしか行かないかというと、その理由は極めて単純で、僕はそのラーメンがさほど好きではないのです。ごく稀にしか行かない上に、味があまり好きではないなんて言い切り、その店にとってちっともいいお客さんではありませんが、それでも僕にとってその店はいつまでもそこにあって欲しい店のひとつなのです。

僕が初めて訪れた当時その店は、その100万都市で大袈裟でなく一、二を争う話題の店でした。そのラーメンの特徴はとにかく「濃い」こと。もともと濃厚ラーメンの文化がほとんど定着していなかったその地域ではもの珍しく、また、その後日本中に本格的に訪れる濃厚ラーメンブームを先駆けるように多くの人々に歓迎されたのでしょう。

味のことだけでなく量がたっぷりだったのも「お値打ち感」を重視するその地域の傾向にぴったりマッチしていたように思います。特に豚バラ肉を使ったチャーシューは、分厚いものが3枚載せられていました。いや、「3枚」というよりむしろ「3塊」と言う方がふさわしい、ほぼ角煮と言っていいトロトロの肉塊。

店は大きなオープンキッチンをコの字型に囲む実用本意の作りながら、内装の要所要所はそこはかとなくウエスタン調にまとめられており、器もいかにもなラーメン丼ではなく民芸調の黒い焼き物。そこにレンゲではなくこれまた民芸調の木杓子が置かれ、当時としてはまだ珍しい、ちょっとオシャレなラーメン屋という一面もありました。

スープは白濁とんこつベースで、見るからに濃厚なだけでなく、やたらしょっぱいのも特徴でした。世の中の濃厚ラーメンはだいたいしょっぱいものですが、その中でも群を抜いていました。麺の量自体も多い店でしたが、しょっぱい濃厚スープはそこになみなみ。そしてその丼の中でひときわ強い存在感をはなつ3個の角煮チャーシューは、あろうことかそのスープに輪をかけてしょっぱかったのです。

そんな逃げ場の無いラーメンどうやって食べるんだよ、というところでもあるのですが、この店にはそれを解決する最終兵器がありました。それが食べ放題のライスです。ライスは巨大なジャーごと客席の一角に置かれ、お客さんのほぼ全員が、ライスと一緒にラーメンを食べていました。スープはまだ百歩譲って、完飲を目指さなければそのままでもおいしく食べることはできましたが、角煮チャーシューをライス無しでこなすのはかなり難しい。そしてそのたっぷりとしたトロトロの脂身は、確かにライスとの相性がバツグンでもありました。

ライスコーナーにはダメ押しのように巨大タッパーに入ったキムチまで置かれており、ついついそれも取ってライスの上にこんもり載せてしまう。すると角煮チャーシューをさらに持て余すことになり、結局ライスをおかわりしてしまう。ただでさえ量の多いラーメンに巨大な肉塊が載り、ライスまでおかわりすれば、もはやどんな腹ペコさんも確実にノックアウトです。

と、ここまで書くと誰もがお察しでしょうが、その店のお客さんは大半が若者でした。使えるお金は限られているのにいつだって腹は減る彼らが、ラーメン1杯の値段で麺もスープも肉もご飯もキムチもお腹いっぱい食べられる。そしてその濃すぎる味は最初の一口から最後まで圧倒的な充足感を与えてくれて、お店を後にするときにはいつだってボーッとするほどの幸福に満たされることが約束されている。それはある種の中毒状態を引き起こしたに違いありません。お店はいつもそんな若者たちでいっぱい。当時まだ若者だった僕もその中の一人でした。

脂っこさはともかくしょっぱすぎるそのスープの味も、黄色く透明感のあるゴムのような弾力の太ちぢれ麺も、それほど好みではなかったのにもかかわらず、圧倒的な空腹を感じていた日にはついつい足が向きました。

しかしそんな期間も束の間、僕はいつの間にか何となくその店から足が遠のくようにもなっていきました。僕自身がそろそろ無邪気に若者とは言い切れない、そんな「青年期の終わり」に差し掛かっていたということだったのかもしれません。

それでも数年に1回は、当時を懐かしむかのようにその店を訪れてもいました。

そんな中、10年目くらいに、店にはある変化が訪れていました。スープの味は相変わらず濃いは濃いけど、以前と比べるとあきらかにしょっぱさが抑えられたものになっていたのです。角煮チャーシューはそのボリュームや脂身のトロトロはそのままでしたが、こちらもやはり味付けがかなり抑え目になっていました。それでもライスは付けたくなるような気もしましたが、無ければ無いで無理なく食べ進められる、そんなラーメンになりつつあるように感じました。

それだけだったら、もしかすると自分のその時の体調のせいでたまたまそう感じられた可能性もなきにしもあらずでしたが、そのさらに数年後訪れた時には、もっとはっきり目に見える変化が起こっていました。

券売機のメニューには、相変わらず角煮チャーシュー3枚が載る通常サイズの他に、それより少しだけ安い価格でチャーシューが1枚だけのものが加わっていたのです。さらにはなんと「あっさり醤油ラーメン」という、かつてのその店だったら考えられないような新商品も登場していました。

客席を見渡すと、十数年の時を経て、そこはもはや「若者」とは言えない年代のお客さんが大半を占めていました。お店の評判もいつのまにか、「かつては革命的だったが今となってはむしろ古臭い味やスタイルの店」といった感じになっていたようです。少なくともこの10年で吹き荒れたラーメンブームの嵐とはもはや無縁の存在でした。

もしかしたらそんな中で、お客さんは大きく入れ替わることなく、お店と共に歳を重ねていったということなのでしょうか。僕は、最近はお店で見かけることのなくなったこの店の大将のことを思い出していました。

実は僕がこの店を知った当時、大将とはたまたま少しだけ仕事上の関わりを持ったことがありました。当時大将はおそらく30代そこそこ。具体的に尋ねたわけではありませんが、沖縄か南九州の出身を思わせるくっきりとした目鼻立ちで、ギラギラと精力的な雰囲気を醸し出す精悍な男でした。僕は「この店のラーメン同様、濃くてパワフルな人だな」という強烈な印象を持ったことを覚えています。

お店のオープンキッチンの中では自ら誰よりも機敏に立ち働きつつ、当時いくつかの支店も出店し、経営者としても精力的に腕を振るっていました。

数年に一度しか訪れることのない自分が店で大将を見かけなくなったのは、たまたまのタイミングなのか、すっかり現場を退いて経営に専念しているからなのかはわかりませんが、なんとなく後者なのではないかと勝手に想像しました。そしてこの店のじわじわした変化は、もちろん客層の変化（というか変化しなさ？）に合わせたマーケティングであるのと共に、むしろ大将自身の嗜好や生活スタイルの変化を投影したものなのではないか、とも思いました。

世の中の熱狂的なラーメンブームとは距離を置き、昔のままのスタイルでひっそりと、そして昔からのファンは大事にしながら暖簾を守り続けるこのお店と大将は、とりあえず今ある店でファンたちと共に静かに老成していく道を選択したのではないか。なんとなくそんな気がするのです。

僕もいつのまにか券売機で「チャーシュー1枚」を選択するようになりました。ライスは儀式のように申し訳程度の量をごく軽くよそい、決しておかわりすることはありません。昔から変わらぬ味というわけでもなく、かといって変わり果ててしまった味というわけでもなく、ただいい具合に老成した味のラーメンを啜りながら、心の中で、

「大将も最近はすっかり丸くなったよね」

と、ひとりごちています。

5．後継者とお客さん①――ある三代目の物語

家の近所の喫茶店でコーヒーを飲みながら仕事をしていたら、隣のテーブルから近所のご老人3人グループの会話が聞こえてきました。

「あの駅を出て国道の方にちょっと行ったところにあるスパゲッティ屋、最近代替わりして味が落ちたんだと」

「本当かね」

「ああ、○○さんも××さんもそう言っとった」

「そりゃあ残念なことだね」

僕は思わずその会話に割って入りたくなりました。どの店のことを話しているのかはすぐにわかりました。僕はその店に1、2ヶ月に一度くらいはずっと通い続けていまし

たし、代替わりしたことも知っていましたが、「味が落ちた」なんてことは絶対に無いと断言できたからです。

住宅と小さなオフィスがひっそりと建ち並ぶ、この街に住み始めたのは20年ほど前です。僕が住むマンションの二軒隣にその店はありました。住宅街にある何の変哲もない店で、その割には値段はやや高めという印象もありました。しかしその価格に見合った丁寧で手間のかかった料理は一見地味ながらしみじみとおいしく、僕はその後長きにわたって通い続けることになるわけです。

その頃お店は、「マスター」と呼ばれている50代くらいの男性と、その奥様と思しきマダムのお二人を中心に切り盛りされていました。常連客との会話から、マスターはこの店の二代目であることを知りました。厨房には昼だけもう一人男性従業員がいました。その人ももう中年と言っていい年齢でしたが、長身痩軀に背中まで伸ばした長髪、風貌がどこか故・中島らも氏に似ていました。そのこともあって、僕はこの人はきっとそれだけではとても食っていけない劇団にでも所属していて、役者を続けるために昼だけここで働いているのではないかと想像を膨らませ、勝手に心の中で「らもさん」と名付けました。

この典型的な家族経営の店を時折手伝う若者がいました。どうもマスターの息子さんのようでした。らもさんやパートさんが休みの時にだけ店を手伝うその若者は、とにかく無愛想でした。いや、無愛想を通り越して常に不機嫌そうな態度を隠そうともしません。親に言われて渋々手伝っているんだ、ということを全身で表明しているようにも見えました。

店でコックコートを着ている時は単に無愛想な若者という感じでしたが、外で見る普段の彼は典型的な今どきの「チャラい若者」でした。なぜそんなことを知っているかというと、彼は僕と同じマンションの住人だったからです。このマンションをマスターやマダムが出入りしているのは見たことがありませんでしたから、どうも彼はここに一人で暮らしていたようです。マンションの前に高そうな車を停めて仲間たちとそれに乗り込む姿も何度か見かけました。

親に車や分譲マンションを買い与えられて遊び呆け、たまに店を手伝うかと思えばいかにも嫌々そう。どうにも困った若者です。

しかし数年後、この店には大きな変化が訪れました。らもさんが突然居なくなってしまったのです。どういう事情があったのかはわかりませんが、とりあえずそこには、らもさんに代わって毎日店に入る息子さんの姿がありました。そして変化はそれだけではなかったのです。

「いらっしゃいませ！　あ、毎度どうも！」

と、にこやかに常連客を迎える彼の姿は、以前とは全く別人でした。今更ながらさすが親子と思わせる厨房での流れるような連携プレイ。そして真剣に鍋を振る合間に客席に顔を向ける時は瞬時に笑顔を浮かべていました。よく見ると愛嬌のある顔です。

そんな打って変わってこなれた接客ぶりが、マスターから踏襲したものではないこともまた明らかでした。なぜならマスターは常にあくまで寡黙な職人。笑顔なんて見たこともなかったからです。らもさんもそこはマスターと全く同じスタイルで、接客は完全にマダムに任せきりでした。典型的な昔スタイルの飲食店といった趣だったのです。

「すみませんねえ、ウチの人ちっとも愛想がなくて。でも腕は確かなんですよ」

みたいなアレです。そこにいきなり、厨房の中からもにこやかに愛嬌を振りまく若者が現れたのです。店の空気は華やぎ、活気が溢れました。

そのこなれた接客ぶりは、明らかに今どきの飲食店のそれでした。これまで、店を手伝わない日はそういうお店でアルバイトしていたのでしょうか。もしかしたら彼にはもっとやりたいことがあって、かつての不貞腐れたような態度は、「店を継げ」と言われることに対する彼なりの必死の抵抗だったのかもしれない。そんな想像をしました。しかしそうであったとしても今の彼が完全に「吹っ切れた」のは確かなようでした。

しばらくして、新メニューが登場しました。もう何年も通っていましたが、そんなことは初めてでした。これまでその店のメニューには、マスターの更に先代の創業者時代から何十年もずっと変わっていないのではとすら思わされる、クラシカルな定番だけがずっと並んでいたのです。

新メニューは、その少し前から盛り上がりを見せていた「名古屋めしブーム」にあやかりましたという風情の、少々強引な創作料理でした。マスターがそれを考案したとはとても思えません。間違いなく息子さんの発案でしょう。僕は正直この店にそういうものを求めているわけではなかったので、結局今に至るまで注文したことは一度も無いのですが、どうやら他のお客さんからの評価は上々のようでした。そして瞬く間にお店の看板メニューのひとつとなり、ある時それが掲載されたタウン紙のカラーコピーが、店内の一角に意気揚々と張り出されました。

それから10年が経ち、店には更なる変化が訪れました。それまで毎日厨房に立っていたマスターが、時々しか店に現れなくなったのです。身体を悪くされたとかそういうことではないようで、人手が足らない時は相変わらず流麗な手捌きで元気に鍋を操っていました。ただしその少し前から、厨房で中心となって指揮をとるのはあきらかに息子さんの方になっていました。マスターは既に（超強力な）助っ人とでも言うべき立ち位置でした。

その頃僕は、この近所の情報が全て集まると言われている美容院のマスターから、ついにあそこも正式に代替わりしたらしい、という話を聞きました。僕はなんだか、やんちゃ坊主の甥っ子を見守ってきた無責任な叔父さんにでもなった気持ちで、その就任を心中で言祝《ことほ》ぎました。

約20年にわたるそんな経緯を側で見てきた僕にとって、「代替わりして味が落ちた」というご老人たちの噂話はとてもじゃないが許容し難いものだったのです。しかしそこでその話に割って入るのはさすがに憚られました。

息子さんすなわち三代目は、かつてはともかくこの10年以上、マスターと二人三脚で店を盛り立ててきました。仕込みや調理の主導権がとっくの昔に三代目に移管されたことは傍目にも明らかでした。そもそも前マスターはまだ引退していません。助っ人と言いつつ、昨今の人手不足も相まって、結局最近はほとんどの日にお店に立っているようです。もしかしたら自身も二代目である前マスターは、かつて自分が味わった不条理な苦労を息子に負わせたくは無いがために、今も店に立ち続けているのかもしれません。

だから味は落ちようがないですし、実際ずっと定期的に通っている僕がそんなことを感じたことなんてただの一度もありません。

「味は全く落ちてませんよ。私はプロですが何か？」

そう言って割り込みたいのは山々でしたが、それもまた詮無《せんな》いことです。

6．後継者とお客さん②——飲食店は大切な文化である

「代が替わって味が落ちた」

と噂されるのは、世間では昔から実によくあることです。

しかし少なくとも自分がこれまで経験してきた範囲において、実際に代替わりで味が落ちたというような例はほぼ皆無でした。

僕がよく知っているカウンター10席だけの小さなカレー屋さんは、あまりにも個性溢れる名物ママから、息子さんが店を継ぎました。

「自分が継いだら絶対『味が落ちた』って言われるのはわかってましたから、可能な限り長い期間、母と一緒に店に立ってから引き継ごうと思いました」

そんな話をある時本人の口から聞きました。

「そう思ったら母は案外ずっと元気で、結局20年間この狭い店で一緒に仕事をすることになりました」

そう言って笑い話にする彼でしたが、それは並大抵のことではありません。

また別のあるお店は、ご主人が急逝されて奥さんが急遽後を継ぎました。案の定「味が落ちた」と語る常連さんたちに奥さんは、

「主人がいた頃と何ひとつ変わらずやってるつもりなんですが、どこが変わったのかどうか教えてください」

と、頭を下げて教えを請うた、という切なすぎる話も聞いたことがあります。

それがどんな事情によるものであろうと、代替わりを嘆く気持ちはわかります。それは先代に対するリスペクト、もっと言えば神格化です。裸一貫から己の腕一本で商売を軌道に乗せたという物語は、単に日本人好みのナニワ節的な価値観にとどまらず、おそらく世界中どこでも尊い物語でしょう。

江戸時代の川柳にこんなものがあります。

売り家と　唐様《からよう》で書く　三代目

「唐様」というのは、当時流行のお洒落な書体。初代が折角商売を築き上げたのに、跡取りたちは呑気な趣味に没頭するばかりで商売を顧みず、三代目に至っては遂にその身代を食い潰してしまった。おそらく当時の「あるある」を笑い飛ばした川柳ということでしょう。創業の苦労を知らない後継者が店を駄目にするというのは、昔から普遍的な話なのかもしれません。

故・池波正太郎氏の名作食エッセイ『むかしの味』（新潮文庫）では、氏が愛した様々な飲食店の人々に対する手放しの敬愛が綴られています。しかしその中で唯一、東京の日本橋にある洋食店「たいめいけん」を当時継いだばかりの二代目茂出木《もでぎ》雅章氏に対してだけは、厳しい言葉が記されています。

いまの〔たいめいけん〕は、茂出木心護の長男・雅章が当主となっているわけだが、
「お前は、いまより二倍はたらけ」
という先代の遺言をまもっているか、どうか……。

私の目には、まだまだ、そこまで行っていないように見える。

この書の中であきらかに異彩を放つ一節です。

二代目、三代目に対してあえて厳しい言葉で奮起を促す、というのは、もしかしたら「愛の鞭」なのかもしれません。今風の洒落た書体で閉店のお知らせが張り出されるような悲劇を数多目撃してきたその時代のお客さんたちの中で、いつしか定型化されたお約束の文化。

しかしそれは、少なくとも現代において個人経営の飲食店を継ぐ人々にとっては、あまりに酷だし、また無用なのではないか。僕はそう考えています。

現代においては多くの個人飲食店が、後継者不足からの廃業を余儀なくされています。そうやってなくなった跡地に、勢いのある今どきのチェーン店が出店するような光景も日常茶飯事。そんな中でたまさか世代を超えて店を継承する人々がいるというのは、ある種の僥倖《ぎょうこう》でもあるのです。

しかし実際には、そういう僥倖には恵まれない店の方が多い。そのことを嘆く僕に、ある人がこんな質問を投げかけてきたことがあります。

「どうして古い店を残すべきということが前提になるんですか？」

一瞬何を言っているのかわからなかった僕に、彼はこう続けます。

「たいして儲かりもせず、誰も継ぎたがらないような店は淘汰されて、新陳代謝が進んだ方が良くはないですか？」

僕は慌ててそれに返しました。

「だってそれだと、時流に合った最適解みたいな店ばっかりになっちゃうじゃないですか！」

潰れた個人店の跡地を埋める小綺麗なチェーン店の様子が脳裏に浮かびます。

しかし彼は不思議そうな顔でそれに返しました。

「それの何がいけないんですか？」

虚を突かれた思いがしました。

サービス業全般を見渡すと、彼の言わんとしていることは至極尤《もっと》もです。次々に世の中に現れるネットサービスは、時代のニーズを的確に捉えて収益性を確保したものだけが生き残ります。それができなかったものはあっという間に消えていくし、一度支持を得たとしても、時代に取り残されたらやっぱりあっという間に消えていきます。

しかし。ここから先はもはや理屈ではないのかもしれませんが、飲食店という「ビジネス」は、そういうものとはやっぱり違う気はするのです。店を疎かにして身代を食い潰しながら趣味に没頭できた時代は、もしかしたら幸福な時代でもあったのかもしれません。しかし、少なくとも今はそんな呑気な時代ではないのです。

少々大袈裟かもしれませんが、店はそのひとつひとつが文化です。苦難を承知でその文化を継承する覚悟の仕上がった、限られた人々だけがそれを引き継ぎます。そういう僥倖にめぐまれずひとつの文化が失われた時、初めてお客さんの側はその失われたものの大きさに気付くのかもしれません。

「たいめいけん」の二代目には手厳しい言葉を投げた池波正太郎氏ですが、同じエッセイの中で、

〔たいめいけん〕の洋食には、よき時代の東京の、ゆたかな生活が温存されている。
物質のゆたかさではない。
そのころの東京に住んでいた人びとの、心のゆたかさのことである。

と、飲食店に温存されている大切なものの存在に触れています。

僕がここで何を言いたいかというと、我々お客さん側は「代が替わって味が落ちた」なんてことを言うのはもうやめましょう、ということです。それが有効だった時代は、とっくの昔に去りました。もちろん先代を称え続けることもまたとても尊いことです。

でもだったら、こう言い続ければいいではないですか。

「あそこの後継ぎはなかなかのもんだ。さすがあのオヤジの薫陶を受けただけのことはある」

7．飲食店と価格①――「1000円の定食」は高いのか？

お気に入りの定食屋さんがあります。同じ区内に5店舗ほどを展開していますが、チェーン店というまでの規模ではありません。しかしどの店舗もなかなか流行っているようで、これからもっと増えていきそうな気がします。

その店は全国チェーンの定食屋ほどは安くはなく、メニューも絞られていますが、魚料理を中心とした一品一品の料理が良い素材でしっかり作られています。味噌汁は定食屋さんにありがちな、火にかけっぱなしでぐずぐず（それはそれで良いものでもありますが）なんてことはなく、限りなく「煮えばな」に近い味噌の香りで、具もしゃっきりしたものが熱々で出てきます。漬物はいかにも手作りらしい糠漬けで、ご飯も実においしい。

ちょっとしたつまみがあったり、定食のおかずの一部はハーフポーションでも用意されたりしているので、軽く飲むのにも最適です。メニュー構成や接客マニュアルもよく考えられており、昔ながらの定食屋さんと、今どきのシステマティックな飲食店運営の良いとこ取りといった印象を受けます。流行るのも当然です。

ある休日の昼下がり、僕はとりあえず瓶ビール（赤星）で一杯始めていました。つまみは「ハムポテトサラダ」。このハムポテトサラダがまた実に良かった。ポテトサラダは作りたて、ハムはスーパーで普通に売っているようなものよりもっとずっとしっかりとしたもので、まるで昔ながらの凜とした洋食屋さんのようでした。定食屋や居酒屋でこういうものが出てくることは滅多にありません。

やっぱりいい店だなあ、とニヤニヤしながら昼酒を楽しんでいると、向かいのテーブルに男性二人連れが座りました。一人は50代、もう一人は30代といったところでしょうか。親子という感じでも上司と部下という感じでもなく、歳の離れた仕事仲間といった様子です。

二人はこの店は初めてのようです。着席して店内に張り巡らされたメニューを眺めながら、年配の男性が開口一番、

「高いね、ここは」

と言い始めました。若い方も苦い顔でうんうんとうなずいています。

「魚もトンカツも定食セットにしたらどれも1000円超えるじゃない。高いよ」

「日替わり定食は秋刀魚だって。あ、でもそれも1290円か」

「秋刀魚で1290円は儲けすぎだね」

「海老フライがおすすめらしいけどタルタルソースは別売りだってさ」

「ケチ臭いね。それくらい付けてくれたっていいのにね」

二人は延々と、重箱の隅をつつくかのように、この店の価格の高さに文句を言い続けています。しかし秋刀魚はもはや高級魚の仲間入りをしつつあります。この時はまだ走りの時期だったこともあり、細く小さなものでも普通に買おうとすると300円近く、ちょっと太ったものだと400円500円は当たり前。お店だからそれより多少は安く仕入れられるにしても、この店が痩せほそった秋刀魚や冷凍物を出すとは考えられず、そこに小鉢や定食の諸々が付いて1290円はむしろ良心的と言えます。出盛りの時期になって多少安くなったとしても、1000円を切ることは難しいでしょう。彼らは秋刀魚が100円かそこらで買えた10年近く前の感覚がいまだに抜けないのでしょうか。

また、この店のタルタルソースはポテサラ同様フレッシュな手作りで、そこに料金が発生するのはちっともおかしくありません。それを欲しい人にだけ販売することで本体の価格を少しでも下げられているわけですから、むしろ理に適っています。そもそも出てきた料理を見もせずに値段だけを見て文句を付けるのは早計に過ぎます。

ともあれ彼らは店員さんを呼びつけ、二人とも「野菜炒めと定食セット」をオーダーしました。この店のほぼ最安値商品です。延々とメニューを吟味して最終的にそれが食べたくなったのか、「1000円以上」を払うことがよほど意に沿わなかったのかはわかりません。

そのオーダーを受けた時の店員さんの返答を聞いて、僕は少し感動しました。店員さんはこんなことを言うのです。

「野菜炒めは一人前ずつお作りするので、順番にお持ちすることになりますがよろしいですか?」

ここは魚料理やフライものが中心なので、中華料理屋さんのような大火力のコンロは無いのでしょう。それでも高品質な野菜炒めを提供するために一人前ずつでしか作らないことが徹底されている。しかもそれは最安値の言わば「抑えメニュー」であるにもかかわらずです。この店は本当に細かいところまで料理の品質を大事にするんだな、と僕はすっかり感心してしまったというわけです。

しかしこの二人には、もちろんそんなことは伝わっている気配もありません。

「え、そうなの。まあいいよそれで」

と、いささか不服げに承諾していました。

僕は他人事ながらちょっとイライラしつつそこまでの顚末を観察していました。しかし同時に、彼らが出てきた料理を目の当たりにしてそれを食べ始めたら、それまでの無責任な批評を撤回せざるを得なくなるかもしれない、とも思っていました。そんじょそこらの定食屋さんとはちょっと違うということにはすぐに気づくだろう、その瞬間が見ものだぞ、と。

しかし残念ながらそうはなりませんでした。

程なくしてひとつ目の野菜炒め定食が到着し、年配男性の前に置かれました。それは予想通り見事な野菜炒め。遠目からでもわかるくらい熱々の湯気を立てつつ、野菜はしゃっきり艶やかに炒められており、特にピンと形を保ったもやしは少しもクッタリしたところがありません。一人前ずつしか作らないという非効率には、確かな意味があったのです。

ところが彼は、箸を付ける前からこんなことを言い出します。

「もやしだらけだね。カサ増しだねこりゃ、カサ増し」

「肉ちょっとは入ってる？」

「入ってるけどほぼ野菜だけだね。カサ増し」

カサ増し、という言葉がよほど気に入ったのでしょうか。そして自分が頼んだものが「野菜炒め」であったことも既に忘却の彼方なのでしょうか。

そして黙々と食べ始めます。まもなくもうひとつの方も届き、文句ばかりのやりとりはようやく止まりました。途中で一度だけ、

「味は、まあ普通だね」

「こんなもんじゃない？」

という会話が聞こえてきました。

話の行きがかり上、すっかり二人を悪者のように書いてしまいましたが、これは単なるマッチングエラーでもあります。

僕は昔から「ランチ1・5倍の法則」というものを唱えています。これは、例えばランチの相場が1000円くらいのエリアであれば、その1・5倍つまり1500円あたりから急にそのクオリティが価格差以上のものになる、というものです。この定食屋さんのあるエリアは下町で相場自体が安く、だいたい800円弱くらいなので、この店の中心価格帯が1200円と考えればその法則通りということになります。

もちろんこの法則はざっくりとした「傾向」でしかありません。世の中には安いのに妙にうまいエアポケットのような店もあり、それはその法則の適用外です。そもそも「クオリティが急に上がる」と言ったって、そのクオリティを判断するのは結局、個人の嗜好以外の何物でもありません。僕がこの日最初に感動したハムポテトサラダだって、普通のハムと出来合いの業務用ポテサラで充分なのだからその分安くしてほしいと考える人がいてもちっとも不思議ではありません。というかそう考える人の方が多いから、ほとんどの店ではそうなっているわけです。

しかしここで「1・5倍の価値もわからん奴は味音痴」なんて言い始めたら地獄です。それは一番タチの悪いタイプのグルメ。100万円の骨董品が10万円で買えます、と言われても要らんものは要らんのと同じことです。

なんですが、一見ちょっと高く見える飲食店には、概ね何らか値段分の付加価値があります。超が付くような高級店になるとその価値が極めてわかりづらくもなりますが、少なくとも普段訪れるような市井の店ならそんなこともありません。良くも悪くも今は、「ぼったくり」の店が存続し続けられるような甘い時代ではないのです。想定より高い店だったとしても、批判から入らず、その差分をポジティブに楽しむ気持ちを持てば、それがまた新しい世界の発見に繋がることだってあるはず。

あの時の男性二人にそんなことが伝えたくて、今この文章を書いています。少なくとも店内で他のお客さんに聞こえるように値段だけを批判するのは実に無粋です。

8．飲食店と価格②——「値上げ」をめぐるジレンマ

前回の話の舞台となった定食屋さんで、その日もうひとつ、ちょっと印象に残った出来事がありました。入店したお客さんを席に案内するたびに、店員さんはこんなことを言っていたのです。

「この度価格改定を行いまして、全体的にお値段が変わっているのですがよろしいでしょうか？」

昨今、飲食店の値上げが相次いでいますが、この店でもそれは断行されたということです。もちろんそれで、「じゃあやめとくわ」と踵を返すお客さんは誰もいません。元々この店は周りの店より少し高価で、少なくとも常連さんたちは値段より品質に重きを置くタイプが多いのではないかと思われます。業界的な言い回しだと「ロイヤルティ

の高い顧客」というやつです。そして、次々と来店するお客さんにいちいちこんなことを聞くのは、店員さんにとってまあまあの作業負担でもあります。だから僕は、これはちょっとやりすぎではないか、とも感じました。しかし同時に、そうせずにはいられない気持ちも痛いほど理解していました。値上げはお客さんにとっても決して嬉しいことではありませんが、それを行う飲食店にとっても恐怖なのです。

昨今の値上げラッシュは、コロナの影響による食材費の高騰が理由とされていますが、実はそれだけではないと思います。それと同じくらい、人件費の高騰も重要な要因です。僕も経営者の端くれですから、それは頭の痛い問題。

しかし矛盾するようですが、綺麗事でもなんでもなく、この傾向は歓迎すべきことだとも思っています。かつて飲食業は給料が安く拘束時間の長い、つまり基本的に割に合わない仕事の代表格と見做されていました。もちろん今でも多少はその名残もありますが、他の職種と比べてどう、ということはだいぶ減ってきたのではないでしょうか。

もっともこれは、日本全体の平均給与が下がり続けているから飲食業が自然とそこに追いついたという面もありそうですが。

恥ずかしながら、昔は自分自身もまさにそういう感覚でした。僕の場合はもっと割のいい仕事を全部蹴って「好き」という理由だけで飲食の世界に飛び込んだという経緯もあり、好きを仕事にするというのはそういうことだ、という感覚しか無かったのです。当時まだ20代、僕の意識の中には、バンドや演劇を続けるためにフリーターをしながら爪に火を灯すような生活を続ける、かつての仲間たちの姿がありました。ようやく自分も彼らのように、「好き」を最優先する人生が始まった、という達成感だけがありました。我慢して好きでもない仕事をしている人々より条件が悪いのは当たり前、という大前提があったのです。

当時同じような飲食の仕事をしていた周りの同年代の面々も、概ねそういう感覚だったと思います。「よっぽど好きじゃないとこの仕事は続かないよね」というのは、仲間内で話をしていても定番の話題でした。

少し上の世代の人々は、また少し感覚が違うようにも感じていました。かつて料理人は、「手に職を付ければ食いっぱぐれない」仕事だったと言います。今は手に職を付けても簡単に食いっぱぐれる時代ですから、この感覚はほぼ絶滅していますね。

いずれにせよ、この「よっぽど好きじゃないと続かない」という感覚を持ち続けるのはかなり危険です。僕自身はたまたま最初はそれで良かったけど、今になってその価値観を人に押し付けるのは害悪以外の何物でもありませんし、そもそもはやそういう時代ではありません。

だから飲食業界はどこも、待遇改善や労働時間短縮に取り組んでいるし、そうでないと業界に未来はありません。そのためには機材やシステムの導入による効率化は必須です。その点においてはやはり大手チェーン店は常に一歩も二歩も先を行っており、我々などはそれを見て時に己の無力感に苛まれたりもします。

しかし元々がアナログな業界でもありますし、チェーン店と戦っていくにはそのアナログな部分を大事にしないと存在意義が失われるのも事実。そうなるとやはり最終的には値上げをしていかないと、何もかもがスムーズに回っていかないのが実情だと思います。

欧米では飲食店の値段がびっくりするほど高い、という話はしょっちゅう話題になります。逆に日本以外のアジアは飲食店がやたらと安い、という認識もあるでしょうが、その差は確実に埋まってきており、場合によっては既に逆転も見られるようになりました。

欧米のようにちょっとしたランチが3000円、みたいなレベルが適正かどうかはわかりませんが、そこを目指していかないことには始まらないのです。もしかしたら、今「食材費の高騰」を理由に一斉に始まった値上げの傾向は、そこに向かうきっかけになるのかもしれません。それでもやっぱり、お店ごとの話で言えば値上げは恐怖です。なぜなら、このままもし欧米並みの基準に近づいていくなら、その過程で多くの店が淘汰されるはずだから。根本的に日本は飲食店の数が多すぎるのです。

かつて自分の店が「安いね」と言われることは純粋に喜びでした。それは、自分たちが知恵を絞り、物理的な意味で頑張っていることに対する評価だったからです。今でも基本的にはその感覚は変わっていません。しかし一方で、それは単なる機会損失なのではないかと思うことも増えました。本当なら1200円でも売れるものを1000円に抑えることで、評価は上がるかもしれないけれど、同時にその200円を働く人々に還元するチャンスを失っているのではないか、という後ろめたさもあるのです。

かと言って、「安いね」という評価を失うことはこれまた恐怖です。それは、淘汰される方に回ってしまう可能性が高まることを意味するからです。多くの飲食店は常にそのジレンマと戦っています。

また少し昔話をします。

かつて料理人の世界では仲間内で「手が早い」と評価されるのは何よりの勲章でした。手が早い、というのはこの場合、仕事の速さを意味します。単に動きが速いだけでなく、段取りのスムーズさや無駄の無さ、仕上がりの美しさなども含めた総合的な評価です。僕は手先が不器用だし、手を動かすより先についつい頭で考えてしまうタイプでもあったので、決して手が早い方ではありませんでした。しかし「手が遅い」と言われることは何よりの屈辱でしたし、遅いと怖い先輩にドヤされる。だから必死でした。そんな環境で揉まれているうちに、自分で言うのもなんですが、ある時から急激に早くなったと思います。

「今どきの若いもんは」的な老害の繰言《くりごと》めいていますが、最近はそういう風潮がだいぶ薄れているように感じます。そう感じるのは僕だけではないようで、同業者からも度々そういう話が聞かれます。あるシェフは「今どき『もっと早く』なんて言ったら辞められちゃうし、下手したらパワハラで訴えられるよ」と冗談めかして笑っていました。

かつてスターバックスが日本中に進出した頃、日本の飲食業界人はその「遅さ」に驚愕したと言います。ドリンクを作るスタッフ個人の手の遅さというより、機材の配置やオペレーションなどが全く提供スピードを重視していないという、どちらかと言うと思想の分野の話です。

これは現在でも、例えばドトールなんかと比べると、外から見ていてわかりやすいかもしれません。日本のカフェチェーンはスピード提供のためのオペレーションやメニュー構成が徹底されていますが、スターバックスはそこをあまり重視していないように見えます。むしろ個人のセンスや「自分らしさ」のようなものが重視され、お客さんもそれをある種の丁寧さとして歓迎しています。

近年、日本ではそういう思想が認められてきているのを感じます。無理をするよりも、自分らしさ、個性、センス、そういうものが大事であるという世界観。それはもしかしたらワールドスタンダードな感覚なのかもしれません。実際にスターバックスは大成功を収めており、それが間違いとはとてもじゃないけど言えません。

しかし、飲食店がアナログな部分を大事にしつつ、値上げばかりに頼らず生き残っていくには、「手の早さ至上主義」みたいなもので生産性を上げていくことが手っ取り早く有効な気がしています。そして、身に付けた手の早さは一生モノの財産になるでしょう。

飲食の労働環境に関して「昔の方が良かった」ことなんて皆無に近いとは思うのですが、これに関してだけはもう少しかつての価値観を取り戻した方が良いのでは？　と思うのは単なる懐古でしょうか。何が正解なのかは、自分でも判断がつきかねてもいるのですが……。

9．平成クリスマス狂想曲

僕が外食の楽しさに目覚めた平成初期。その時代、巷には「クリスマスディナー」というものがありました。いや、今ももちろんクリスマスディナーはありますが、当時のそれは今のものとはだいぶ様相を違えていたと思います。

それは、おそらくバブル期に端を発した「やたら金のかかる男女交際」が、バブル崩壊後もしばらくそのまま引き継がれたものだったと言えるかと思います。クリスマスになると、男連中は彼女のためにクリスマスディナーとホテルを予約し、プレゼントも用意しなければならない。一晩で少なくとも10万円、もちろん場合によってはそれを遥かに超える散財です。若者たちは学生も含めて、「そうしなければならない」という圧に曝されていました。雑誌やテレビも当然のようにそれを煽ります。それをできない男には駄目の烙印が押されます。散財する相手すらいないというのは、それ以前の落伍者。思えば恐ろしい時代でした。

僕の周りの友人たちは、野暮天か貧乏、ないしは世の中を斜に見ている連中ばかりでしたので、幸か不幸かそういう華やかな青春とは無縁でした。我々はダンゴ虫のように寄り添って、世の中の風潮に呪詛を吐き散らすことでその時期をなんとかやり過ごしていたのです。

ですので毎年その時期、僕は飲食店のアルバイト店員として、着飾った人々を迎える側でした。クリスマスには学生アルバイトのシフト希望が極端に減ります。恋人のためにその日は空けざるを得ない人もいたけれど、見栄を張って予定のあるふりを決め込んでいたヤツがいたのも知っています。

イタリア料理店でアルバイトに入っていた時は、事前にクリスマスディナーの内容は伝えられていました。それを見て僕はびっくりしました。構成は普段出しているコースとそう変わらず、料理内容はむしろそれより凡庸に見えます。少し違うのはそこに「シェフからのクリスマスの贈り物」という謎めいた一品が付け加えられ、デザートが「クリスマススペシャルデザート」という名の盛り合わせになっているだけ。なのに値段だけは倍くらいだったからです。

それでも予約はあっという間に埋まりました。12月24日のクリスマスイブだけでなく、その前後も含めてです。シェフ曰く、「クリスマスディナーの客はその日しか来ない客」とのことでした。普段は新規客の獲得に躍起になってもそうそう成果は上がらないのに、その日だけは苦も無くあっさり集まるわけです。ただし新規と言っても基本的には次には繋がらない人々なので、シェフはそのかき入れ時の日を無難にやり過ごすことだけを考えているようでした。

コースのメニュー表には、あたかもそれを頼まねばならないかの如く「おすすめシャンパン」が、まあまあ強気な値段で書き添えられていました。ちなみに正確にはシャンパンではなくスペインのスパークリングワインでした。今では考えられない蛮行ですが、シェフは「その方が彼らも気分が盛り上がるやろ？」と涼しい顔でした。なるほど商売とはかくなるものか、と僕は深く納得しました。

クリスマスディナー提供当日、シェフが盛り付ける料理を見て、僕はもう一度びっくりしました。なんだかいつもより確実に量が少ないのです。確かに素材としては牛ヒレ肉やオマール海老、フォアグラといった高級食材が使われてはいましたが、それにしても、です。ちなみに魚料理として提供された「オマール海老と海鮮のグラタン」は、海老・イカ・ホタテが正体を欺くが如く細かめに刻まれた中央に、オマールが一口分だけ鎮座していました。小さなグラタン皿の上には身を取った後の殻が恭《うやうや》しく飾られており、その殻は洗って翌日、翌々日も使い回されます。普段、なんでもない素材でも豪快に盛り付けるシェフのスタイルからは考えられない仕様でした。牛ヒレステーキの上にフォアグラがのった「ロッシーニ風」は、難なく三口で食べられるようなサイズでした。

しかし実はそこには、シェフのある種のサービス精神もあったのです。

「彼らは別に飯食うために来とるわけちゃう。店を出た後もっとずっと大事なメインイベントがあんねん。その前に満腹で苦しくさせてしもたら却って気の毒やろ」

僕はわかるようなわからないような微妙な気持ちでしたが。

サービス精神と言えば、シャンパン（という名のスパークリングワイン）を半ば強引に売りつけることにも、実はシェフなりの思いやりがありました。

「彼らは本当は誰にも邪魔されたないねん。酒のおかわりで何度も声かけるのも申し訳ないやろ」

そして実際その日は人手不足もあって、空いたグラスにワインクーラーのワインを注ぎ足すサービスも潔く省略されました。

僕はこれには深く納得し、その頃たまたま別の知り合いの飲食人から聞いた話をシェフにしました。ある店のクリスマスディナーの話です。その店では、料理を提供するのにアフタヌーンティースタンドを使っているということでした。トレイがタワー状に三段くらい重なったアレです。そこに前菜もメインもデザートも全て盛り込み、ワインのボトルもセットにして、最初に一度持って行ったら後は完全に不干渉、ということです。

僕はそれを、完全に笑い話としてシェフに話しました。シェフもきっと「そんなん絶対うまないやん」と笑うと思ったのです。しかしあにはからんや、シェフは真顔で、

「ええな、それ」

と、来年以降のスタイルを真剣に検討し始めました。

「スタンドは高すぎて元取れへんけど、おせちみたいなんはどうやろな。ちょうど正月前やし」

どうやろな、と言われても、どうもこうもありません。何が「ちょうど」なのかもよくわかりません。僕は「僕だったら絶対イヤです」と言いそうになりましたが、シェフ

の意外なまでの真剣さにその言葉を飲み込み、「なるほどナイスアイデアですね」とだけ返しておきました。

シェフの最初の言葉通り、クリスマス時期のお客さんは、普段とは明らかに客層が異なっていました。普段の常連さんたちは、京都の商家の若旦那連中。遊び慣れていて粋だと言えばそうだし、少々やんちゃで傍若無人な一面もありました。しかしクリスマスディナーで訪れる人々は、もっと普通のおとなしい人々でした。そして店内は、いつもとは違う不思議な多幸感で満たされていました。多幸感と言えば聞こえがいいですが、僕は正直なところ「ちょっと気持ち悪い」とも思っていました。なんだかみんなずっとニヤニヤしている。もっとも今考えればそれは、当時のクリスマスにおいてやるべきことを全うしている勝ち組の人々に対する、ある種のやっかみだったのかもしれません。

そんなクリスマス狂想曲は、その後、少しずつマイルドになりながらも10年くらいは続いたと思います。その頃には僕も、クリスマスディナーを考えて予約をかき集めて提供するシェフの側に回っていました。学生時代のシェフの教えも、そこに多少は生かされていました。ひねくれた料理ばかりを出していたその店でも、その日ばかりは「わかりやすくゴージャスな」コースを組みました。スパークリングワインのボトル売りは、シャンパンと偽ることこそありませんでしたが、積極的にプッシュしました。

店はやっぱりその日だけ不思議な多幸感に包まれましたが、その頃には、「皆さん頑張ってくださいね」という気持ちでそれを温かく見守る程度の達観には至っていました。


今回本当は、平成のクリスマスディナーの話をマクラに、「忘年会という習慣が無くなりつつある現代の飲食店の苦境」について真面目な話をするつもりでした。しかし当時のクリスマスディナーが思い出すだに面白く、ついそのまま筆が進んでしまったというわけです。

昨今の飲食業界は、当時よりずいぶん「地に足のついた」ものになったと思います。クリスマスディナーも最近では、そのお店の常連さんが、いつもより少しだけ特別な食事を楽しむ場になったのではないでしょうか。それは確実に文化の洗練です。しかし、あの頃あの馬鹿馬鹿しさをみんなが当たり前のように受け入れていた世の中を、少しだけ懐かしむ気持ちがあるのもまた確かではあります。

10．忘年会ノスタルジー

僕が会社勤めをしていたのは1990年代。その頃は毎年12月になると忘年会ラッシュが始まりました。チームの忘年会、課の忘年会、部の忘年会、そして支店全体の大忘年会、その他にもなんだかんだと理由をこじつけて、それは何度も開催されました。

ただでさえ仕事が年末進行で忙しい最中に、誰もが死に物狂いでスケジュールを調整し、律儀に参加していました。場合によっては、それが11月に繰り上げられることすらありました。それすらかなわない時は、仕方なく年明けに新年会として繰り越されました。なぜ「仕方なく」かと言うと、忘年会と同じメンバーによって、改めて新年会が催されることも決して少なくなかったからです。忘年会から新年会への単なる繰越は、2回あったかもしれないチャンスが1回にまとめられてしまうという「機会損失」でもあったのです。

なぜこのような狂乱が繰り広げられていたのか。そこには先ず、「そうしなければいけないものなのだ」という強烈な刷り込みがあったのは確かです。バレンタインデーにはチョコを買い、クリスマスにはケーキを食べるのと同じです。

いちいち参加するのは面倒だし、会社負担でなければ少なからぬ出費が伴うし、上司や先輩に気を遣いながら飲むのは面白くない、そういうネガティブな気持ちが無かったわけではありません。しかし少なくとも僕自身は、楽しむ気分の方が常に勝っていた記憶もあります。ただしそこには、当時勤めていた会社ならではのラッキーな事情もありました。

その会社は酒類メーカーでした。普段から9時10時、下手をすれば深夜帯まで及ぶ残業は当たり前でしたから、皆が定時で一斉に仕事を終える口実ともなる忘年会の日は、却って羽を伸ばせる機会でもありました。

店選びは、様々な飲食店を知り尽くした営業マンたちの役割でした。彼らは、この機会に恩を売っておきたい担当の人気店や実力店からさらに、参加者たちが「いい店だった」と大満足しそうな店を、プライドをかけてチョイスしてくれました。

そんな営業マンたちを中心に、社員の多くは「飲みの席で周りの人々を楽しませる」ことにかけてはエキスパートと言ってもよく、またそれを自らが楽しんでもいました。そこにもまたプライドがあったと思います。だから僕は「上司や先輩に酒を注ぎ回る」という、ぺーぺーの若手社員に課せられた面倒な使命すらも、それなりに楽しめていました。

そもそもお店は得意先ですから、傍若無人な振る舞いなど許されるはずもありませんでした。全員がマナーを守って綺麗に飲むことは、至上命題でもあったのです。

その後僕は、忘年会に参加する側から飲食店の人間として彼らを迎え入れる側に回ります。そうなると、世の中は必ずしも、僕が経験してきたような皆が幸せな忘年会ばかりではない、ということにも気がつきました。

参加者の皆さんが「いい店だった」と満足してくれるような内容にするために、迎える側として、それこそプライドをかけて心を砕きました。しかし、こと忘年会において、少なからぬ人々にとっては、料理なんて案外どうでもいいのです。飲んで騒げればそれでいい。そして大人数を相手にしつつ精一杯のサービスに努めようとしても、そこには傍若無人なお客さんはどうしても現れてきます。

グダグダな会が果てしなく続く中、早くお開きにならないかな、と白けきった表情の人々も否応なく目に入ってきます。

それでも、店が連日満席になっていつにない活気に溢れる12月は、肉体的にはしんどかったけど、テンション上がりっぱなしの充実した時期でもありました。

少々羽目を外すお客さんがいても、年末気分で浮かれている空気に包まれるのは悪い気分ではありません。早く帰りたげなお客さんが増えてくると、制限時間を理由にお会計に進んだり幹事さんをうまく味方に付けたりして、スマートにお開きを促すのも腕の見せ所でした。

プライドをかけた料理が大量に残されても、彼らにはもっと大事なコミュニケーションがあったのだ、と無理矢理自分を納得させました。料理はともかく店全体でそれに貢献できたのなら、それは使命を果たしたということではないか、と。

しかし何より嬉しかったのは、身も蓋もありませんが、そんな忘年会シーズンは「かき入れ時」だったということです。たくさんのお客さんがまとまったお金を落としてくれる12月は、どうかすると普段の月の倍くらいの売上がありました。

当時の帳簿を思い出してみると、一年の中のほとんどの月は、多かれ少なかれ赤字でした。それを一気に取り返すのが忘年会シーズンだったのです。当時は既に新年会という習慣はだいぶ薄れていたこともあって、12月は年に1回だけのチャンスでした。自分たちの店は普段から、周りの店に比べて決して繁盛していなかったわけでもなかったので、おそらくそんな財政事情は多くの店に共通していたのではないかと思います。

忘年会に限らず、大口の宴会はお店を助けます。先ほど「プライドをかけて料理を提供していた」と書きましたが、それは忘年会という特需に乗っかって少々やっつけな料理を提供する多くの店よりは、多少なりとも頑張っていたということに過ぎないかもしれません。どうせ残されるから、と量を減らして調整することも、むしろ親切な必要悪でした。

忘年会ほどの頻度ではありませんが、普段開かれる宴会も基本的には同じことです。普段は個人客相手にひとつひとつ作られる料理も、大量調理に適したアレンジが施されて一気に効率が上がります。

なので正直なところ当時の僕には、大口の宴会で得た利益を普段のお客さんに還元している、という感覚もありました。多少手間がかかり過ぎても原価がかさんでも、常連さんを始めとする能動的にこの店を選んでくれるお客さんたちに、少しでも喜んでもらうためには多少の無理をしても構わない、という感覚です。

その感覚がビジネスとして正しかったのか間違っていたのかはわかりませんが、今はそれが通用しないことだけは確かです。ご存じの通りコロナ以降、それまで誰もが当たり前だと思っていた忘年会の習慣は、めっきり失われてしまいました。もちろん普段の月の宴会も激減です。

しかしそれはコロナばかりが理由ではありません。飲酒人口の減少や、またひとりひとりの価値観やライフスタイルを尊重する世の中の流れの中で、多くの人々が「こんな風習いっそ無くなればいいのに」と、潜在的に思っていたわけです。賑やかな宴会の片隅でつまらなそうにしていた人々は、いつの間にか少数派ではなくなってしまったということなのかもしれません。

「風呂に入る前は億劫だけど、入って後悔する人はいない」

という名言（？）があります。僕が参加する側だった時の宴会は、まさにそんな感じでした。宴会だけではありません。先輩が時折半ば強引に連れ回して奢ってくれる店には、自分一人や同年代の仲間たちだけではとても辿り着けない、宝石のような店がたくさんありました。今となっては大きな財産です。

確かにそれは、たまさか自分が身を置いた環境ゆえの僥倖だったのかもしれません。世の中では少なからぬ人々が、つまらない料理を前につまらない話を延々と聞かされる宴会を疎ましく思っていたことでしょう。先輩に強引に付き合わされる飲み屋で辟易した挙句、割り勘を言い渡されてゲンナリした人々もいるでしょう。

だから、宴会廃止、少なくとも参加不参加は自由、先輩の誘いは断っても何の問題もない、そういう風潮が定着しつつある現代は、多くの人々に救済をもたらしているはずです。しかし僕はどうしても、そこで失われる様々なものにも思いを馳せてしまいます。

そしてそれは半ば、飲食店側の責任でもあります。本当はもっとやれることがあったのではないか、そんなことも考えますが、時計の針は決して巻き戻すことはできないのです。

Ⅲ　お客さん物語

1. お茶漬けの颯爽

子供の頃お茶漬けといえば「永谷園のお茶づけ海苔」でした。細切れの海苔に細長いアラレや緑色のしょっぱい粒々が混ざったものを、なんともご陽気なデザインの小袋からご飯の上に振りかけ、上から熱々のお湯をかけるあれです。僕はこれがあんまり好きではありませんでした。せっかくのふっくら炊けたご飯がべしょべしょになるのも嫌でしたし、あと、子供の僕は圧倒的な猫舌だったからです。

そのかわり、ご飯にそのお茶づけ海苔を振りかけて、お湯はかけずに食べるのは好きでした。当時これまた苦手としていた甘ったるくて魚臭い「ふりかけ」より、香ばしくてひたすらしょっぱいそっちの方がずっとおいしいと思っていたのです。

ある時、本来のお茶漬けとはその名の通りご飯にお茶そのものをかける食べ物だということを知りました。そこに漬物とか佃煮なんかをちょこっと添えてサラサラと掻きこむ食べ物なのだ、と。子供心にいくら好意的に想像しようとしてもちっともその良さが理解できません。熱くてべしょべしょなだけではなく、あのお茶づけ海苔における唯一の長所であるしょっぱさと香ばしさもないではないか、と。

結局、お茶漬けという食べ物が身近なものになったのは、大学生になって居酒屋と言われるような店に出入りするようになってからでした。そういうところのお茶漬けはいわゆる「ダシ茶漬け」です。永谷園同様刻み海苔とアラレがご飯に載り、そこにはさらに梅干しや鮭フレーク、明太子といった好みの具が追加され、緑のしょっぱい粒々とお湯の代わりに上品に味付けされたダシがかかっていました。

その頃にはさすがに猫舌も克服していましたし、いっちょまえにビールなど飲むようになってからは、べしょべしょしたご飯は不慣れなアルコールでぼんやりした身体にしみじみと馴染みました。そして何より、ダシというものはいつだって問答無用でおいしい。「お茶漬け」というネーミングにもかかわらずお茶要素が一切無い点に関しては首を捻らざるを得ませんでしたが、居酒屋のつまみ程度では到底おさまることのないセイシュンの胃袋は、いつだって最後にはお茶漬けを求めたのです。

もっとも、その後僕は居酒屋からラーメン屋にハシゴするという悪い遊びをおぼえてお茶漬けとは再び縁遠くなるのですが、それはまた別の物語。

その10年後、僕はある地方都市の古い繁華街の外れで一軒の居酒屋を任されていました。大学卒業後しばらく身を置いていた大企業を辞めて、長年うっすらと憧れつづけていた飲食業の世界に身を投じていたのです。お店の場所も店構えも通りすがりのお客さんがふらっと入ってくるような感じではなく、基本的には常連さんとその紹介だけでもっているような小さなお店でした。

そんな常連さんの中に一人の商社マンがいました。年齢は僕のひとつかふたつくらい下だったと思います。東京にある有名私大の体育会系出身、明るく快活で歳の割には振る舞いも紳士的かつ堂々としていて、いかにも育ちが良く仕事もできるエネルギッシュなエリート、しかもくっきりとした目鼻立ちのイケメンでした。この街には会社の異動でやってきたばかり。健啖家で金払いもよく、いわゆる「太客」であることは間違いありませんでした。そして単にそれだけでなく、都会生まれの都会育ちらしく流行りの食べ物にも全国のブランド食材にも詳しい、いわゆる「グルメ」。

当時僕は都会のお店に憧れに憧れて、毎月「dancyu」などのグルメ雑誌を舐めるように読んで、そこに掲載されているキラ星のような流行りのお店のメニューを見様見真似で次々と自分の店に取り入れていたのですが、そういった料理を彼は必ず頼んでくれてそれを「的確に」褒めてくれる。それも僕に直接ではなく連れてきた人に対してスマートに、ただし僕にも聞こえるようにタイミングを見計らって褒めるのです。

「こんなところでまさかこんな活きのいい関アジが出てくるなんてびっくりだろう？で、この店はこのポン酢がまたいいんだよ。昆布がじわっと効いてスッキリした味で」

彼が主に連れてくるのは、びっくりするくらい綺麗な「彼女」でした。そうでない時には「彼女」ほど綺麗ではないその他いろいろな女の子を連れて、そして時には一人でふらっと。ある時彼は言い訳がましく、「会社の男連中にはこの店はもったいなくてさ。あいつらと一緒の時はその辺のガサツな居酒屋くらいがちょうどいいんだよね」なんていうことも言っていたことがありました。

とにかく全方位的に「いいお客さん」だったってことです。お金は惜しまず使ってくれる、舌も肥えているし、その事で店の理解者であることをはっきり示してくれつつベタベタな馴れ合いは求めない、連れてくる相手も適切に選んでくれる。完璧です。

ところが僕は実はどうしても内心このお客さんが苦手でした。その理由はうまく説明できませんが、あえて単純に言うと、当時の僕にとって彼はたぶん眩しすぎたんだと思います。

僕はある種の信念をもって大きな会社を辞めていたはずでした。そして2、3年の内に曲がりなりにも店を一軒任せてもらって滑り出しもまずまず。しかし同時に学生時代からの友人達の多くはそれを「ドロップアウト」と見做していることにも気付いていました。実際収入は会社員時代より半減していましたし、何より将来の保証など全くありません。それでも僕は自分の選択に概ね間違いはなかったと信じていたはずなのに、彼を見ているとどこか心がざわついていたんだと今となっては思います。

ある時彼は彼にしては珍しく、メニューの片隅に埋め草的に書かれていた「お茶漬け」を注文しました。

「このお茶漬けってダシ茶漬けだよね？」

と、彼は不思議なことを確認します。僕が、そうですけど、と答えると、「ダシじゃなくてお茶で作ってくれるかな」とリクエストされました。こんなお客さん初めてです。

言われるがままほうじ茶を熱いお湯で淹れてお茶漬けを作り、それを彼の目の前に置くと、彼は茶碗の縁と糸底に手をかけ、背筋をスッと伸ばしたままそれを口元まで持ち上げるやいなやその後その茶碗を一度もカウンターに置くことなく流麗な箸捌きでサラサラとあっという間に啜り終え、そして「ほうっ」と満足げな息を吐きました。

僕はその様子を見るともなしに横目で眺めながら、

「かっこいいにも程があるな。そりゃモテるわ」

と、妙な感慨に浸っていました。

2．友だちとは何であるか――議論で更けてゆく居酒屋の夜

僕が最初に店を任された居酒屋は、言うなれば「夜の街に寄生した店」という一面がありました。それは20年以上前のこと。スナックやクラブ、ラウンジと呼ばれる、女性が男性を接待する、ボトルキープを基本とするお酒主体の店がまだまだ元気だった時代の話です。

ウチのお店は夕方の5時開店でしたが、その直後に最初のピークタイムが来ます。いわゆる「同伴」というやつで、夜のお店の女性たちがそのお客さんを伴って訪れるのです。それは言うなれば「疑似デート」。二人きりで食事をして、その後そのまま女性が所属する夜の店に行くという流れです。

男性にとっては「疑似デート」かもしれませんが、女性にとってそれはほぼ純粋なビ

ジネスです。ほとんどの店では「同伴ノルマ」があり、週に何回かはお客さんを伴って「出勤」しなければならないわけです。ノルマには大抵「7時までに入店すること」というルールも含まれます。ということは、その前段で食事をする場所である僕がやってたような店では、少なくとも6時半前くらいまでには料理を出し切って満足してもらわねば次に繋がらないわけです。それはなかなかシビアでタイトな時間帯でした。

そうやって「同伴客」を送り出すと、次は「一般のお客さん」の時間です。会社帰りのビジネスマンたちがグループで訪れたり、もちろんカップルも。こちらは言うまでもなく「疑似」ではない本当のデートです。あるいは「合コン」や、今の言葉で言う「女子会」が開かれたりしました。

ウチのお店は深夜2時までの営業でしたから、12時過ぎると最後のピークタイムが訪れます。夜の街の女性たちが今度はこの時間にお客さんを連れてくる、いわゆる「アフター」と呼ばれる来店です。こちらには女性に課せられたノルマはありませんが、お客さんを次も引っ張るための営業活動という意味合いがあります。「同伴」のように時間的なシビアさはありませんでしたが、基本既にアルコールで「出来上がっている」お客さんばかりですので、それゆえのしんどさはありました。営業時間は2時までと言いつつ、それを延長せざるを得ないこともしばしば。

もっともそんな時間にもなれば、僕を始めスタッフもお客さんから「まあ一杯」と酒を奢られたり、あるいは店の酒を勝手に飲んだりして、こっちもただの酔っ払いと化していることもあり、心中「早く帰ってくれないかな」と思いつつ、なんとなくなあなあで気分良く夜は更けていく。それが当時の日常でした。

当時から料理そのものに対しては真剣に取り組んでいたという自負はありますが、それは表社会の「フードビジネス」というのとはやはり少し毛色が違って、「水商売」という世界に片足突っ込んだままなんとなく毎日をやり過ごしていたという感じです。今となっては良い思い出でもあります。

さて、ここまでの時系列を俯瞰してもらうとおわかりかと思いますが、「同伴」からの「一般客」がだいたい引けて、次に「アフター」が始まるまでの、具体的にいうと10時から12時くらいにかけてが、一番ヒマな時間、いわゆるアイドルタイムになります。この時間に、前半戦で無くなった料理の仕込みを行ったり、夜中酔っ払う前にと翌日分の発注を済ませたりもするのですが、基本的にはのんびりタイムです。そしてこの時間には、お客さんというより友人と言った方が相応しい、顔見知りの同年代の常連客が店を冷やかしに来ることがありました。これがなかなか楽しい時間でした。

そんな中にKという常連というか友人がいました。彼は社交的で交友関係も広く、いろんなお客さんを連れてきてくれ、店のアイドルタイムがなんとなく友人同士のサークルの部室みたいな雰囲気になる、そんな場の中心人物でした。

Kと僕はある時からカウンター越しに「ディベートごっこ」をするのが常になっていました。「カレーにおけるジャガイモは必要か不要か」「赤味噌と白味噌はどっちが偉いか」「ザ・スミスにおいてモリッシーとジョニー・マーはどっちが重要人物か」といった、結論を出しようのない、かつ実にどうでもいいテーマがなんとなくどちらからか提示され、探り探りどっちがどっちの意見の役割を務めるかが決まると、後はそのテーマと各々の役割に沿ってディベートが始まり、もちろんそれは周りの友人たちも巻き込んで楽しくもくだらない議論が（12時過ぎて僕がふたたび忙しくなるまで）繰り広げられる、そんなパターンでした。

当時Kは、以前この店のスタッフでもあった女の子と付き合っており、大抵の場合その彼女もそこに居合わせていました。彼女はいつものこのディベートには加わることはなく、ニコニコと聞き役に徹していたり、あるいは他のスタッフやお客さんと、ディベートとは関係ない会話に勤しむのが常でした。

しかしある日、異変が起きました。

いつものように我々がゲラゲラ笑いながらくだらないディベートを繰り広げていると、突然彼女がカウンターに突っ伏して、ブワッと泣き始めたのです。

「どうしてっ！　どうしてあなたたちは仲良くできないのっ⁉　どうしてそうやって会うたび会うたび喧嘩ばっかりするの⁉」

彼女は嗚咽しながらそんな問いを僕たちに投げかけてきました。

「わたしはKも好きだしイナダさんも好きだし、なのにそんな大好きな二人がいつもいつも喧嘩してばっかりなのは悲しい！」

Kは顔面蒼白になりながら、まさかそんな説明が必要になるとも思わなかったであろう説明を始めました。

「いや違うんだ。これは喧嘩なんかじゃない。二人ともめちゃくちゃ楽しんでるんだよ。むしろ俺たちはめちゃくちゃ仲がいいんだよ。なあ、イナちゃん！」

僕もやっぱり心底焦りながらそれを受けて、Kの言う通りだよ、俺たちは仲がいい友だちだからこそこういう遊びを毎回楽しんでるんだよ、と必死の援護射撃を行いました。

しかし彼女は全く納得せず、嗚咽しながら彼女なりのこんな意見を主張しました。

「あなたたちが何言ってるか全然わからない！　友だちってのは……友だちってのは、綺麗なものを見た時は『綺麗だね』『そうだね！』って言い合って、おいしいものを食べた時は『おいしいね』『そうだね！』って言い合って、そういうのを友だちって言うんでしょ！」

この誰がどうやっても取りまとめようが無い修羅場は、結論だけ言えばその後数分でとりあえず収まりました。その場の誰がどうやって収めたかは記憶にありません。

この日そのあとKと彼女が、二人きりになってからどういう会話をしたかは知りません。

そしてこの「友だちとは何か」という、ある種哲学的であり、そしてどこまで行っても平行線で決して交わることの無さそうな論争について、とりあえず僕は、どちらかが正しくてどちらかが間違っている、というような判定を下すつもりはありません。

ただ、その後も彼ら、つまりお客さんとも友人ともつかない、というかそのどちらでもあるグループとの親交はゆるゆると続きました。そんな昔話です。

3．説教したがるお客さん①――誰がための「説教」か

飲食店で店主や店員に「説教」ないしは「アドバイス」をしたがる人々が存在します。無論、少なくとも最近の世論において、その種の行為は批判や嘲笑の対象となって全否定されるのが常ですが、あながちそれだけで片付けてしまうのも違うのかなと思ったりはしています。

僕自身はそういう「説教」にあたるようなことはしませんが、「指摘」は行ったことが過去に何度かありました。ラタトゥイユやポテトサラダといった作り置きの料理が腐敗し始めていたり、ローストチキンが生焼けだったり、そういう「食品安全上のリスク」が明白で、他のお客さんにもそれが提供されてしまうと大事にもなりかねない場合です。

ラタトゥイユの時は、

「ウチはパプリカを丸焼きして皮を剝いているから独特の匂いがするんです！」

と、若干意味不明な釈明を受けてかなりヘコんでしまったのを覚えています。その後しばらく経ってから、

「申し訳ありません、おっしゃる通りでした」

と謝られてしまい、「別に謝って欲しかったわけじゃないんだよな」と思ったり、「もしかしたらこちらの気を損ねないようにそう言ってるだけでは？」と疑心暗鬼になってしまったりして、指摘なんてしない方がよかったのでは、と後悔もしました。

ポテトサラダの時はもっとプロフェッショナルな対応でした。指摘してしばらくするとテーブル担当の方が、

「ご指摘ありがとうございました」

とわざわざ言いに来てくれました。謝罪ではなく「ありがとうございました」だったのは実に適切です。ところがその後がちょっと面倒でした。その後に店長らしき人がまた「ご指摘ありがとうございました」と言いに来てくれました。しばらくすると料理長らしきコックコートの人物も、わざわざホールまで出て同じことを言いに来ました。さ

らに最後レジで会計をする時も女性マネージャーに同じことを言われました。

お店側の対応には何の文句もつけようがなく、さすがにちゃんとした店だと改めて感心しました。しかしそれをわかった上で言えば……正直、鬱陶しかったです。これもまた疑心暗鬼ですが、クレームに発展することを未然に防ぐマニュアル的テクニックという一面を感じてしまったせいかもしれません。


斯様《かよう》に「指摘」は、する側にとっては基本的に割に合いません。少なくとも何の得もありません。それでも「指摘」の域を更に超えた「説教」をしたがる人々は確実に存在します。かつて私が雇われ店長としてある和食店を切り盛りしていた時もそんなことがありました。

その日初めて店を訪れ、カウンターで静かに一通り飲み食いしてくれたあるひとり客が、最後レジで少し声を震わせながらこんなことを言い始めたのです。

「この店はいったいどうなってるんだ?」

お客さんは、その店のオーナーつまり僕の雇い主の古くからの知り合いだとその身を明かした上で、こんなことを言い始めました。

料理が全部出てくるまで1時間近くかかった。
後から来た隣の客の料理が先に全部出てきた。
グラスが空いてもおかわりを薦めもしない。
ひとり客である自分に一切声もかけず無視し続けた。
オーナーが店に不在だからって弛んでるのではないか。
このことはオーナーに報告させてもらう。

反論するのは簡単でした。料理は一品を食べ切りそうなタイミングを計って一品ずつお出ししていました。お客さんへの催促となるようなお酒の追加注文は促さないのが、この店のモットーです。会話を望むお客さんばかりではないから、こちらからあえて話しかけることはしませんが、それを望む場合はそちらから話しかけてくだされば喜んで対応します。

しかし僕はその時一切反論はしませんでした。もちろん基本的には、そういった「クレーム」には謝罪するしかないという（当時の？）常識に基づいた判断でしたし、実際、他のお客さんもいる忙しい最中に事を荒立てて時間を費やす暇もありませんでした。だから僕は、

「そこまで気が回らず申し訳ありません。この店の評判を汚さないようこれからはもっと頑張ります」

とだけ返して、会計を済ませるやいなや押し出すようにお見送りをしました。

しかし、一切反論しなかった理由はまた別のところにあったとも思います。そのお客さんは普段誰かに高圧的な態度を取るタイプではないと感じたのです。こう言ったらなんですが、どちらかと言うと内向的で話下手なタイプ。その時に立板に水で繰り出した「説教」も、どこかぎこちなかった。一人静かに飲んでいたようにも見えたその滞在時間1時間強の大半で、ずっとその「説教」の文章を一生懸命組み立てていたように思えました。少なくともこの繁華街を我が物顔で飲み歩いて、行く先々で横柄な態度を取るような人種ではない。

彼の「説教」は多分、純粋な善意であり、同時にもどかしさだったと思うのです。子供の頃から知っている近所の子がついにオーナーとして店を持った。その店を訪れてお祝いを述べつつ旧交を温めたい。そして、そんな自分は歓待もしてもらえるだろう、と期待して意を決して一人で訪れてみた。しかしそこに目的の彼は居なくて、茶髪のヘラヘラした兄ちゃん（当時の僕です）に舐めた態度を取られた。こんな奴に店を任せていたらせっかくのこの店はダメになってしまうのではないか。

それは確かに勝手で狭量な思い込みだったのかもしれませんが、少なくともそこに悪意はないと感じたのです。

「説教」が始まる理由はそう単純なものではありませんが、それにしてもちょっと不思議なパターンも経験したことがあります。

先程の店とはまた別の和食店で料理長として働いていた僕は、お客さんに席まで呼びつけられました。それはまさに『美味しんぼ』の海原雄山が「女将を呼べッ!!」と激昂するあの感じでした。お客さんは50歳前後くらいと思しきカップルで、ぱっと見たところ水商売のママとそのお馴染みさんといった雰囲気。僕が席まで赴くやいなや、その男性の方から、

「なんだこの料理は。どれもこれも食えたもんじゃないぞ」

と、説教が始まりました。まずいまずいと言うわりには具体的な指摘があるわけでなし、「なんだこの妙な味付けは」「わけのわからん料理を出すな」「素人以下」といった、まあ言うなれば単なる罵詈雑言。極めてボキャブラリーに乏しいそれが延々と繰り返さ

れるのです。僕としては彼の意図も汲み取れず、とりあえず「お口に合わずすみません」と形式的に謝るしかありませんでした。

その間、女性の方は一言も喋りませんでした。相槌を打つでもなくただ隣でボーッとしているだけです。しかし男性は突如その女性を指差し意外なことを言い始めました。

「この人はな、料理の天才で有名な料理アドバイザー（?）なんだ。この店はこの人にコンサルティングを依頼した方がいい」

僕は思わず口をポカンと開けて女性の方を凝視してしまいましたが、女性は相変わらず黙ったままで、「料理アドバイザー」なる謎の職種の名刺か何かを出してくるような気配もありません。僕はさすがにもうまともに相手をする気を失い、適当にあしらってお引取りいただいたのですが、今思い出しても、いったいあれはなんだったんだ? と狐につままれたような気持ちになります。

最後お口直しに、説教ではなく褒められた話のひとつくらいしておこうかと思います。

その時僕は出勤途中でお店に向かう公園通りの並木道を歩いていました。すると向こうから道の反対側を、お店で何度か見かけたことのある女性が歩いてきます。いつもおひとりで来られるお客さんで、これといって言葉を交わしたことはありません。軽く会釈だけしてすれ違おうとしたら、そのお客さんは意を決したように突然きっちり直角に向きを変え、僕の方にスタスタ歩いてくるではありませんか。

どうしていいものかわからず僕もそちらを向いて直立していると、目の前まで来た彼女は、息を吸い込み、

「あなたの料理には色気があります。それでは」

とだけ一息に言うと、今度はきっちり回れ右をして元来たルートをスタスタと戻って行きました。

料理を褒められるのは嬉しいものです。むしろそのためにこの仕事をしていると言っても過言ではないかもしれません。しかしそれにしても「おいしい」でもなく「腕がいい」でもなく「色気がある」と褒められたのは初めてでした。最初は呆気に取られましたが、後からじわじわ嬉しくなりました。

その日から僕の料理人としての目標は「色気のある料理を作ること」と、明確に言語化されました。

今でもそうです。

4. 説教したがるお客さん②——人生初の出禁

お客さんがお店の人を説教する現場、というのは、説教をされるお店の人にとってしんどいのは当然ですが、周りの他のお客さんたちにとっても愉快なものではありません。これは僕が料理の道に入る前なので25年以上昔のエピソードなのですが、そんな極め付きの場に立ち会ってしまったことがあります。

当時僕は酒類メーカーの営業の仕事をしていました。飲食店を回ってそこに自社製品を売り込む仕事です。僕はその時、先輩が担当する焼き鳥屋に同行していました。そこで飲み食いするのもまた営業の一環ということです。

カウンターに通されて焼き鳥をつまみながら自社のビールを飲んでいると、少し離れた席に、やたら偉そうにスタッフに絡んでいる男がいます。まだ30そこそこでしょうか。

会話、と言っても男が一方的に数人いる若いスタッフたちを次々と捕まえて説教している だけなのですが、その声は否が応でも聞こえてきます。話の内容から、男も飲食店の同業者であることは明白でした。

「俺の寿司も芸術だけどよ、ここの大将の焼き鳥も芸術なんだよ。お前らそれわかって やってんのか？　お前ら今日大将が休みで店を任せられてるんだろ。それがどういうこ とかわかってんのか。はぁ、わかってる？　だったらどういうことか言ってみろ。この ギンナン、串打ったの誰だよ。あ？　お前か。見ろよ一個だけズレてんだろ。これがお 前の人生を物語ってんだよ。舐め腐った仕事してんじゃねえよ」

ギンナン一粒で人生を全否定された彼には気の毒ですが、僕は初っ端の「俺の寿司は 芸術」発言で既にビールを噴き出しかけており、その後も笑いを堪えるのに必死でした。 ところが、ふと先輩を見るとその寿司職人らしき男を真面目な顔でじっと見ています。 僕が慌ててニヤニヤを押し殺すと、先輩はとんでもないことを言い始めました。

「見ての通りあの人同業者だよ。寿司職人、しかもあの口ぶりから察するに雇われじゃ なくて店主だ。ありゃ若いのに相当やり手だぞ。いいタイミングで名刺出して店を探っ て攻めるぞ」

正直、あんな面倒くさそうな人とお近づきになるなんて、ましてや頭下げて営業をかけるなんて僕なら金輪際ご免です。先輩はさすがに仕事熱心だなあ、と感心していると、先輩は更にとんでもないことを言い始めました。

「おい、イナダ。あれはお前の手柄にしてやる。俺がうまくきっかけ作るから後はうまくやれ」

それから小一時間、「芸術的」においしいはずの焼き鳥は砂を噛むようでした。先輩が、すわ、とアクションを起こしそうになる度に酔いも冷めるばかりです。その間も寿司職人の説教は延々と続いています。

「おいお前、素材って何かわかるか。そりゃお前らにとっては毎日業者が持ってくる鶏を捌いて串打って焼いてるだけかもしれねえけどよう、これは大将が命をかけてかき集めてきたもんなんだよ。俺の寿司だって同じだ。はあ？　最近は自分も仕入を任されてるだ？　それは任されてるんじゃなくてやらせていただいてるだろ。何一人前ぶってんだよ」

酒も入ってもはや半ば支離滅裂です。周りの他のお客さんも鼻白んでいます。もはや営業妨害です。大将不在でなければここまではエスカレートしなかったかもしれませんが、とにかくスタッフは災難です。そして先ほど先輩から宣告されたミッションのことを考えると僕も災難です。

しかしここでようやく寿司職人はお愛想をコールしました。

「やっと帰ってくれるか」と、店内に安堵の空気が広がります。先輩も結局話しかけるタイミングを逸したようで、僕の中にも安堵の空気が満ちました。スタッフは心なしか晴れやかな表情で寿司職人に氷水を差し出しました。

「今日はいろいろとご指導ありがとうございました。すみません、先程お茶がなくなってしまいまして氷水でご容赦ください。スダチを入れておきました」

見ると、バーでジントニックでも出てきそうな瀟洒なカットグラスに入った氷水には、スダチが一片絞り込まれています。なんて気の利いたサービスでしょう。ある意味お茶より嬉しいかもしれません。先輩も「いい店だな」とすっかり感心しています。

しかし、奴は最後まで奴でした。

「はあ？　何がスダチ入れときましたぁ、だ。スダチ入れときゃ茶が無くても許してもらえるとでも思ってんのかよ。甘えんだよ根本的に考え方が」

まさかとは思いましたが、そこでついに先輩が名刺片手に飛び出しました。

「いやあ、素晴らしい。我々もさっきからそこで聞いていてつくづく感心しました。いやお若いのに実にご立派だ。あ、申し遅れましたが私こういうものでございます。失礼ですがこの辺りでお店をやられてるんでしょうか。ぜひ私も今度お邪魔させていただきたく思いますが、先ずは一度ウチの若いもんに近々ご挨拶に伺わせようと思います。おい！　イナダ、今日は実に勉強になったな！」

翌日出社して先輩に「昨日はご馳走様でした」と伝えると、先輩は実に朗らかに、

「おう、お疲れさん。昨日の寿司屋、頼むぞ。いい仕事ができそうだな！」

と、僕の肩を叩きます。

僕はおずおずと、あの、一緒に行ってもらえませんか、と申し出てみたのですが、先輩は、

「いやあ俺はどうもあの人とは性が合いそうにないからな。ああいうのはお前みたいな若いもんがズバッと懐に飛び込んだ方がいいんだよ」

と、予想通りのことを言います。心中「あれと性が合う奴がどこに居るんだよ……」と思いつつ、僕は「わかりました。頑張ってみます」と言うほかありませんでした。

数日後の夜、ピークタイムを避けた遅がけの時間に僕はその寿司屋を一人で訪れました。お客さんは他に1組だけで、そちらには寿司はあらかた出し終わっているようでした。僕は「先日はありがとうございました」と何がありがたいんだか自分でもよくわからない挨拶を済ませた後、握りをお任せでお願いしました。

幸い店主は上機嫌で、一応、歓迎ムードでした。こちらから特に気を遣って話しかけなくても、向こうから延々と喋ってくるのは気が楽でもありました。ただしその喋りの内容は「いかに自分の寿司が凄いか」という自慢話がほとんどで、驚いたことに「俺の寿司は芸術だからよお」というのは普段から彼の口癖であることもわかりました。

発注や片付けの合間にだらだらと握られる寿司は、特別おいしいのかどうかはよくわかりませんでしたが、とりあえず僕はその唯我独尊ぶりに心底辟易しつつも、そのひとつひとつをなるべく「芸術的に」賞賛すべく努めました。

「鯖の締め加減が『これしか無い』って感じですね！」

「こんなに雑味の無いポン酢は初めてです！」

「うわあ、子持ちのシャコってこういうツメだとこんなにおいしいんだ！」

「イカって切れ目の入れ方ひとつで全然別物になるんですね！」

「穴子に柚子って世界が変わりますね！」

僕の前に最後の巻物とアガリが出されると同時にラストオーダーの時間になりました。

そして彼はもう1組のお客さんに追加が無いか確認し終えると、ネタケースに残った魚を片っ端から全て切り出し始めました。それを今日イチの真剣さで猛然と次々に寿司に握り、大きな持ち帰り容器に整然と詰め始めます。僕は慌てて会計を済ませ、

「こんな時間から出前ですか？　大変ですね、頑張ってください」

と最後のお愛想を言いました。

ところが彼は、

「いや、そういうわけでもなくてよお」

と、心なしかウキウキした表情でそれを否定し、

「今から行くキャバクラに手土産で持っていくんだ」

と、嬉しそうに打ち明けてくれるのでした。

僕は笑いを噛み殺せないまま咄嗟に言ってしまいました。

「芸術の大盤振る舞いですね！」

一瞬だけ笑いかけた彼は、何かに気付いたのかすぐに真顔になりました。しっかりオ

ブラートに包んだつもりだった僕の嫌味に気付いてしまったのでしょう。僕の顔をキッと睨んでこう言いました。

「……帰れ。二度と来るんじゃねえ」

翌日、先輩には正直に話しました。

「すみません。一発で出禁を食らいました」

5. 立ち飲み屋のお客さん十態

僕が愛する「立ち飲み屋」。そこはいつだって小さな物語の宝庫です。今回は少し趣向を変えて、僕が見てきたあくまでささやかな、だけどじんわり味わい深い、そんな掌編を。

(1) ダンディズム

ホッピーセット、ナカ、ナカ、黒ホッピーセット、ナカ、ナカ、と、ものの小一時間で飲み干した紳士。小刻みにグルグルと頭が回っている。自転軸がずれた惑星のよう。それでも紳士は最後のプライドをかけて背筋をしゃっきり伸ばしている。足元のローファーはピカピカに磨き上げられている。左手には古臭くてかっこいい腕時計を嵌めている。

（2）やる気満々

「そろそろ飲み物のラストオーダーですが、閉店まであと1時間ありますから最後に『頼み溜め』いかがですか?」と、茶目っ気たっぷりのお姉さんに、

「じゃあこれおかわり5杯!」と、すかさず答えるお客さん。

お姉さん一瞬固まったあと、にこやかに「ハイ!」。

（3）国際交流

中国人の女性店員さん、しなやかな体幹を生かして下げ物の皿と鉢を10枚以上積み重ねて颯爽と洗い場に向かうも、キッチン扉の前で軽く足を滑らせて身体がぐらつく。

すぐそばに居たカウンター席のお客さん、慌ててそれを支えようとする。

店員さん、すんでのところで体勢を立て直す。

そして安堵の表情でお客さんに向き直り、

「あなた、やさしいね」

（4） 共同戦線

一人でテーブル席に着いて、ウーロンハイと共に5品をオーダーした眼鏡の兄さん。最初に煮込みが配膳されると、すかさず眼鏡をクイッ。

「この間これ頼んだ時は茹で卵にしっかり味染みてたんですけど。今日これ妙に白くないですか？」

店員さんたじろぎつつ、

「煮込みにはその時々で卵を追加しながら煮込んでるんです。今はたまたまこんな感じです」

眼鏡兄さん、ハー、と聞こえよがしなため息をつき、

「じゃあいいです。それで」

カウンターのお客さんA、カウンターに戻ってきた店員さんに小声で、

「大変だねえ……」

2品目のから揚げが眼鏡兄さんの卓に届く。

「あの、前回はこれ5個だったはずですけど、どうして今日は4個なんですか？」

別のお客さんB、眼鏡兄さんを振り返り、

「あんたもう今日は帰んな。あんたの勘定は俺が持つよ」

さっきのお客さんA、

「それ俺も割り勘で持つわ」

何か言いたげに眼鏡兄さん眼鏡をクイッ。

お客さんB、その瞬間を見逃さず、

「だから帰れっつってんだろうがよ！」

(5) 凡ミス
スポーツ新聞に食い入るように熱中している赤ら顔のおっちゃん。

つまみの納豆オムレツをスプーンでガバリと一口頬張った次の瞬間、ブホッとそれをスポーツ新聞にぶちまける。

「どうしました？　大丈夫ですか？」と、駆け寄る店員さん。

「醤油と間違えてソースかけちゃってたよ」

「作り直します？　タダじゃないけど」

「いやいいよ。これはこれで悪くない気もしてきた」

(6) 困惑

お客さん「しめ鯖頂戴」
店員さん「すいません終わっちゃいました」
お客さん「あ、そう。じゃあアン肝」
店員さん「すみません、それも終わっちゃいました」
お客さん「そっか、まあこんな遅がけだもんね。……カキ酢はある?」
店員さん「ごめんなさいそれも……。あ、しめ鯖いかがですか?」
お客さん「………。しめ鯖終わってなかったっけ」
店員さん「そう言えば終わってましたね」

(7) 碇ゲンドウ

この店ではあんまり見ないタイプのインテリ風若オヤジたちが激論を戦わせている。
「だから庵野監督はマリを母性と見做した瞬間、自己の投影を改めてシンジに移し直したわけよ」

「いやだからって、碇ゲンドウすなわち庵野監督と現実の嫁さんの関係性を物語の解釈に持ち込むのは本質から離れることになるっしょ」

「ちょっと待って。それを否定したらあのラストシーンの解釈を半分以上放棄することになりかねないことない？」

カウンターの中の若い女性店員さん、ホッピーの王冠を勢いよくスポンと抜きながら割って入る。

「碇総司令、カッコいいですよねえ。クールだし何気にイケメンだし、ああいう渋いおじさん私結構好きですよ」

「ああ確かにカッコいいのはカッコいいよね」

「確かにそれは間違いない」

と言いながら、二人とも同時に口元に手をやりつつ、少し俯いてキメ顔をキメる。

(8) 適切なアウトソーシング

カウンターの中の若い女性店員さん二人が話し合っている。

「奥の団体さんにウイスキーロック四つ、『飲みやすいやつで』って言われたんだけど」

「えー、ウイスキー二種類あるけどどっちだろう」

「たぶんこっちな気もするけど」

「ごめん全然わからない」

するとその片方の店員さん、カウンターで黙々と飲んでいるひとり客たちに素早く目を走らせる。そしてその中の一人を見定めて、

「あの、ホワイトホースとフォアローゼズ、どっちが飲みやすいですか?」

お客さん、突然の出来事に、

「それ、僕に聞いてます?」と、びっくりしつつ奥のテーブルにチラッと目を遣り、

「あの人たちならホワイトホース」と、キッパリ。

(9) アウトソーシング　その後

「さっきはありがとうございました。お客さん、ウイスキーおいしいって」

「ああ、それはよかったです。じゃあ僕にはフォアロゼをロックでください」

「さっきからそんないろいろ飲んで大丈夫ですか?」

「大丈夫じゃなくなる前に帰るから大丈夫です」

「じゃあゆっくり飲んでってくださいね」

どうも彼女にご執心らしい隣のオヤジ、鬼の形相でそのやりとりを睨みつけている。

(10) 人生と酒場

二人連れのお客さん、店の奥に手書きでデカデカと張り出されている近所の警察署の電話番号を眺めながら、

「やっぱこのへん、あんまりガラ良くないもんな」

「安い店だしね」

「それにしちゃ、この店で横柄なヤカラとか危ないおっちゃんとか見ないよな。なんでだろうね？」

「人生諦めた奴と人生に自信満々な奴はこの店には来ないんだよ」

「うまいことまとめるね。でもそれちっとも質問の答えになってなくない？」

「いいんだよそんなことは。ここは酒場だから」

6．騙す人々、騙される人々①——いつものカフェが狩猟場になった

しょっちゅう利用しているカフェがあります。個性的でおしゃれな趣味カフェみたいな店ではなく、全国チェーンの大型カフェです。そこにタブレットとブルートゥースキーボードを持ち込んで仕事をするのが主な目的。いわゆる「サードプレイス」ってやつですね。シンプルながら居心地の良い店内や、自宅や会社ともまた違う程よい緊張感ゆえか、どこよりも集中できて仕事が捗《はかど》ります。ドリンクをなるべくこまめにおかわりすることと、席が埋まり始めたら速やかに退店することをマイルールとして、いつもそれなりの時間利用させてもらっています。幸い席数がやたら多いこともあり、いっぱいになることはまず無いのはありがたいところです。

夕方からは「バータイム」になって、照明とBGMが僅かに変わり、お酒だけではな

く気の利いたフードメニューも増えます。その時間になると僕は軽くお酒を飲みながら仕事を続けます。不真面目と思われるかもしれませんが、なぜかさらに仕事が捗るのです。この時間はお客さんも少なく、フードの注文で売上に貢献しつつ小腹を満たすこともできるので、昼よりもっとゆっくり落ち着いて過ごせます。とにかく僕にとっては、とても大事な場所なのです。

ある時このカフェで、隣の席に20代前半と思しき男性の二人連れが座りました。ずいぶんタイプの異なる二人連れです。一人は今どきのイケメン。ただしピアスや服装が少しホストなんかを思わせるような、有り体に言えば「ヤンキー」です。もう一人はドラえもんのジャイアンを優しくしたような、いかにも真面目そうな青年。

二人は席に着くなり、いかにも仲良さそうに雑談を始めました。と言っても、話すのはほとんどヤンキーの方です。優しいジャイアンはどうも後輩らしく、敬語でそれに相槌を打ったり丁寧に質問したりしています。ヤンキーの話は「このあいだ行ったキャバクラで付いた女が……」とか「知り合いのホストが……」といった夜の世界の話題に終始していました。本人としては「水商売あるある」的な鉄板で面白い話のつもりのようでしたが、横で耳を傾けている僕にはちっとも面白くありません。それはジャイアン君も同様だったのではないかと思うのですが、不思議とそこには楽しげな空気が流れています。

というのもヤンキーの話は、内容こそ空虚でつまらないものではありましたが、その話し方、声、抑揚、そして表情、なんだか妙に人を引き込む妖しい魅力があったのです。ジャイアン君は、自分とは異なる世界に生きる、自分とは全くタイプの異なる先輩とサシで話していること自体に喜びを感じているように見えました。

(世の中にはこういう友人関係もあるんだな)

と、僕は少し呆気に取られつつ、キーボードを叩き続ける傍らその会話に耳を傾けたり、時には横目で二人の様子をチラッと確認したりしていました。おかげで仕事の進捗は少し鈍ってしまったのですが。

しかし次第に二人の、というかヤンキーの話す内容はきな臭いものになっていきました。

「俺はしがない元暴走族のお兄さんなんだけどさ、あの人たちに会って人生変わったわけよ。本当に信頼できる人たち。いつでも紹介するよ。あの人たちのおかげで今は金にも困らない。しかも自分が稼ぐだけじゃない。俺が『こいつは』と見込んだ奴も幸せにできる。それが俺にとっては何より大事なわけ」

ああ、やっぱりそれか、と僕は嘆息しました。タイプの異なる二人の友情、なんて牧歌的な話じゃなかった。そう、これは間違いなく「マルチの勧誘」です。

このカフェは僕にとって最高の場所ですが、唯一の欠点があります。それが、ある頃からこの種の「マルチの勧誘」が、店内のそこかしこで繰り広げられるようになったこと。一般的にそうなのかこの店ならではの特徴なのかはわかりませんが、勧誘は、する方もされる方も20代くらいの若者が中心です。勧誘する方は概ね美男美女と言ってよく、もちろん喋りも達者、一方で勧誘される方はおとなしくて真面目そうな若者が多い。なんとなくその構図は、高校のクラスで言う「陰キャ」「陽キャ」の構図が歪な形で持ち越されたようにも見え、それがまたある種のやるせなさを感じさせます。

彼らがこの店を利用していたのは、席がたくさんあっていつも満席にはならないものの常に適度な混み具合で、そこに自分たちを紛れ込ませやすいからだったのではないかと思います。さらにホールスタッフはアルバイトの若い女性が中心で、広い店内全てには目が行き届きにくいというのもあったでしょう。

一度だけ、いつもはカウンター内か厨房にいる男性の店長が、彼らに退店を促すのに出くわしたことはありました。どういう口上でそれを促していたかまでは聞き取れませんでしたが、おそらく、公序良俗や他のお客さんに対する迷惑を盾にすることは困難だったのではないでしょうか。せいぜい、ドリンク1杯でテーブル席を長々と占拠していて、外には待ち客がいる、そんな状況でもないと難しそうです。だからある意味彼らは「やりたい放題」でした。

僕はそんな彼らに苛立ちつつも、妙なところで感心することもしばしばでした。彼らが哀れな子羊たちを勧誘するその言葉は、確かに人生の場数をそれなりに踏んできた自分にとっては空虚な綺麗事や幼稚なロジックばかりで構成されたものでしたが、それは安っぽさゆえに徹底してわかりやすいものでもありました。社会を知り始めたばかりの無垢な若者たちに対しては、圧倒的な説得力があったであろうことは想像に難くありません。

ある時、一人で三人の若者を相手にしていたいかにもギャル風の女性のそれは、実に見事なものでした。

「私は昔は本当に自分勝手で、家でも学校でも散々迷惑をかけてきた。でも、今はすごく反省してる。本当にあの頃の自分をぶっ飛ばしてやりたい」

みたいな情緒的な話から始まり、

「結局これって数学の話なんだよね。変数と定数と係数が複雑に絡み合って、一見超難しい。でもね、それは方程式を解くようなものだから、絶対にひとつの正解を導き出せるってことでもあるわけ」

なんていう言い回しが、数学の勉強なんて全く縁が無さそうなギャルから語られるギャップ。そしてすかさず、

「ごめん、学校の数学の時間はずっと寝てたんだけどね」

と、笑わせ、

「でもそんな私でもこの数学は理解できたんだから、あなたたちならもっと上手くやれる」

と、優越感も抱かせ、

「最初の50万までは、先に正直言うと結構たいへん。でもその後はほっといても大丈夫。そこで止めちゃってももちろんいいんだけど、意欲のある人たちはさらに次の課題にチ

ャレンジしていく、ってこと」

と、エクスキューズと安心感と向上心をいちどきに与え、さらには、

「私はあなたたちにお金の稼ぎ方だけを教えたいんじゃないの。まさにコロナがそうだけど、変化し続けるこの社会の中で、本質とは何かってことを伝えたい」

と、時事問題にも触れつつ大風呂敷を広げ……。

その合間合間には他愛もない世間話や面白トークで場を沸かせ、とにかく見事なものでした。彼女はきっとこの世界の「エース級」なのでしょう。アイドルと教祖が悪魔合体したかのような、空恐ろしい存在でした。

ジャイアン君を籠絡《ろうらく》しようとしていたヤンキーにしても、このエース級ギャルにしてもそうですが、

「昔の自分はロクでもない人間だったが、今はこの仕事のおかげでそれを反省している」

という語りは、彼らの常套パターンのようです。それは高校生時代の「陰キャ」に対する横柄な態度への贖罪《しょくざい》を装っているようでもありました。

「陰キャ」の子羊たちはその贖罪を受けて寛容な気持ちになりつつ、ここに来てようや

く彼らのキラキラした世界に自分も仲間入りできたかのような錯覚に陥る——そんな計算だったのでしょうか。

そしておとなしく真面目にやってきたのに報われない自分と引き比べ、彼らは自分の力ですっかり社会に参画し、難しげな専門用語を駆使してビジネスの世界を語る。そして実際に「金を稼いで」いる。

それは憧れでもあり、同時に、「勉強なんてろくにやってこなかったこの人たちでも成功するんだから、自分なんてもっと易々と成功するはず」なんていう幻想を抱かせるのにも充分なものだったのかもしれません。

エース級ギャルは「1対3」でその獅子奮迅ぶりを発揮していましたが、勧誘する側が二人でチームを組んでいるケースも多く見られました。特に二人がかりで一人を「追い詰めている」ケースは、まるでサバンナの猛獣が集団で一頭の草食動物を狩るかのような逃げ場の無い残酷さを感じさせ、よりいたたまれない気持ちになります。

ある時、珍しく子羊は若者ではなく中年のおじさんでした。なぜかヨレヨレのジャージに身を包むその男性は、失礼ながら「冴えないおっさん」を絵に描いたよう。それが年齢半分くらいの男女二人チームに終始圧倒され、あれよあれよという間に書類に何か書かされる「契約」にまで進んでいきました。

その時僕は、さすがに見ていられなくなりました。とは言えそこにいきなり割って入るというのも無茶な話です。僕は咄嗟に広げていたタブレットに、

騙されてますよ

と、最大級数の太ゴシックフォントいっぱいいっぱいのメッセージを画面に表示させ、帰り支度をしながら、祈るような気持ちでそれをカップルの背中越しにおっさんに見せました。幸いおっさんがそれに気付いてくれたのは良かったのですが、同時にあからさまに動揺し始めました。

僕は、

(そんなに動揺したらこっちが気付かれるじゃん……)

と、慌ててそのまま店を出ました。他人の不幸は見たくないけど、面倒に巻き込まれ

るのはもっとまっぴらです。正義感と言ってもそんな程度のものです。そのまま振り返りもせず足早に逃げ去ったので、その後どうなったかはわかりませんが、そんな中途半端な正義感程度でおっさんがその場の流れを遮ってサインを止めたとも思えません。

僕は、何の意味もない、とてつもなく無駄なことをしたという自己嫌悪に苛まれました。

（もういい大人なんだから、あとは自己責任。もはや俺の知ったこっちゃないわ）

そう露悪的に開き直るしかありませんでした。

7．騙す人々、騙される人々②——ヤンキーの誘惑とピアノ弾きの夢

さて、話は優しいジャイアン君とヤンキーの話に戻ります。

二人は今更のように、本名と年齢と居住地を確認しあっています。今更それ、というのがまたいかにも胡散臭い。少なくとも旧知の間柄ではなかったことは明白です。

二人の会話から、ジャイアン君はシンイチロウ22歳、ヤンキーはリョウタ24歳であることが判明しました。

「シン君、22ならだいたい俺とタメじゃん。もうさあ、敬語とかいいよ。タメ口で頼むわ」

と、あくまで気さくなリョウタに、

「はいっ！　わかりましたっ！」

と全力の敬語で答える相変わらずクソ真面目なシン君。僕は、状況が状況なのも一瞬忘れて、思わず横で噴き出しそうになりました。これが本当に先輩と後輩の奇妙な友情だったらどんなに幸せだったことか……。

それをフックにまた他愛もない世間話が始まります。

「シン君、ふだんだいぶ年上に見られるんじゃね？」

「うん、そう……ですね。僕、子供が好きで幼稚園の先生になりたいんだけど……ですけど、子供たちにいつも『おじさん』って言われちゃって」

今日ここまででシン君が発した一番の長台詞でした。リョウタは、

「うっけるわー」

と手を叩いて、さも本当に楽しそうに笑いながら、またすかさず自分語りのターンに持ち込みます。

「いや俺もさ、シン君と同じでいつも年上に見られがちなのよ。この間なんてキャバで『25歳？』って言われて、ツレ全員もう馬鹿ウケ」

24歳が25歳に見られただけの話がどう「馬鹿ウケ」なのかさっぱりわかりませんが、シン君はなぜか、ハハハと屈託なく笑っています。そしてリョウタ得意の、というかそ

れしかない夜の街を舞台にした話は更に続き、そしてそれはまた少し剣呑な方向に進みます。

「こないだ合コンやったんだけどさ、俺以外のメンツは、税理士、医者の卵、医者の卵。その状況で一番モテたのは俺。どういうことかわかる？」

お金ですか、と即座に場を読む賢いシン君。

「まあそれだけじゃないけどだいたいそういうことだな。俺の仕事っていろいろ多岐にわたるけど、基本は不動産業の自営ってことね。まあその時の合コンではそれしか言わなかったんだけどさ」

そこから、その「不動産」とやらがいかに安定して儲かるかの話が始まります。シン君は再びひたすらうなずきモードです。

「だけどそれを俺だけがやっててもしょうがないから、今仲間を集めようとしてるってわけ。自分の部下ってわけじゃねえよ。あくまでそれぞれが独り立ちした自営業同士の仲間ってこと」

いよいよ話は核心に迫って行くのでしょうか。うなずきながら聞いているばかりのシン君に、リョウタはいかにも親身そうに問いかけます。

「やっぱ男ならさあ、いい車乗りたくね？　それを自慢したくね？　それが夢ってもんじゃゃね？」

しかし、シン君の答えはおそらくリョウタの予想を完全に裏切るものでした。

「夢、ですか……。僕の夢は……、夢、僕、実は音楽やってて本当は歌で食って行きたいんですよ。楽器はピアノしかできないんだけど」

横で聞いていた僕は涙が出そうになりました。

いいぞ！　シン君！　不動産とか投資とかに惑わされず、幼稚園の先生になって子供たちに囲まれて、ピアノも弾いて歌を歌って、それが自分の幸せって気付いてるじゃないか！　こんなクソヤンキーに惑わされてる場合じゃないよ。もう、とっととここはお開きにしようよ。

さすがのリョウタも何も言えなくなったのでは、と思いました。このまま座は白けてお開きになるんじゃゃ、なんて淡い期待を抱かせる空気も流れました。しかし恐るべきリョウタのコミュニケーション能力は、ここからしぶとく発動していきます。

「音楽？　スゲーじゃん！　歌、ってつまりボーカルってことだよな。いやー、俺もさ、カラオケすっげえ好きでよく行くんだけど、なかなか90点出なくて、頑張っても86点なわけ。やっぱあれ？　シン君は90点とか出るの？」

僕は思わず飲んでいたジントニックを噴きそうになりました。リョウタは「音楽」という自分とは縁遠いキーワードに関して、とりあえずありったけのコメントをかき集めて返したのです。それはもちろん極めて滑稽でした。しかし滑稽なだけに、僕は同時にそこに恐ろしさも感じました。狙った獲物は逃さない。どんなきっかけにも食いついていく肉食獣の牙。

「いや僕はカラオケ行ったことないんで点数とかはわからないです」

と、返すシン君でしたが、リョウタは少しもめげることなく違う角度から尚も食い下がります。

「そうかー、シン君、有名になりたいんだ」

「いや、有名っていうより歌が歌えれば……」

またもや会話は嚙み合いません。僕は、「いいぞシン君！」と、また少し嬉しくなります。

しかしリョウタは諦めません。もはや化け物です。シン君の否定が聞こえなかったかのように、またもや自分の土俵に引き込もうとします。

「有名になったらさあ、GACKTにサイン貰ってよ。俺音楽とか聴かないんだけどさあ、GACKTはすっげえ好き。シン君も好きなミュージシャンとかいるの?」

シン君の目が輝いたようでした。

「僕、ワンオクが好きで、この間はライブの最前列のチケットが取れて、めちゃくちゃ感動しました。そんでその時……」

ここに来て初めて、シン君の方に会話の主導権が移りました。ライブの感動、そしてワンオクの素晴らしさをひたすら語り続けます。今度はリョウタが黙ってうなずき続ける番です。この話題を振ったのは失敗だったか、と思っていそうな気もします。それでもそこは大したもんで、時折、絶妙なタイミングで「へえー!」とか「すげえな!」といった相槌を打つのです。もしかしたらここは喋りたいだけ喋らせて、気分を高揚させたところで次の作戦に移るつもりなのでは、という気もしてきます。リョウタは明らかに馬鹿だけど、そういう野性的なしたたかさを持っていることは既に明らかです。

残念ながらその辺りで珍しく店内は酔客の団体で騒がしくなり始め、幸か不幸か二人の永遠に嚙み合わない会話は僕の耳までは届きにくくなってきました。僕も、いかんいかん、と、再び仕事に集中することにしました。

それでも喧騒の合間から、時折、リョウタの声が断片的に聞こえてきます。

「例えば200万投資するとして……」

「損切りってのはさ……」

「俺の先輩たちは既に桁が二つ違うから……」

「最初は俺がケツ拭いてやっからシン君は思い切って……」

ワンオクは、既に遠くなりにけり。

会話は結局生臭い方向に逆戻りしているようです。

仕事も一段落して、いつまでも気にしていてもしょうがないので、僕は帰り支度を始めました。ちょうどそのタイミングでシン君とリョウタもお開きになるようでした。二人は次回のアポイント日程を擦り合わせています。契約なり何なりの決定的なところまでは進んでいなさそうなのは少し安心でしたが、この続きが後日また続くのかと思うと暗澹たる思いもあります。

「ちょっと俺トイレ行ってくるわ」

と、リョウタが席を立ちます。次回連れてくる「もっと上の人」とのスケジュールを擦り合わせに行ったのではないか、と思いました。

少し迷いましたが、残されたシン君に思い切って話しかけました。

「お兄さんお兄さん、あの人とどういう関係かは知らないけど、ちょっと気をつけた方がいいよ。ほらその、マルチとかさ、知ってるでしょ？」

シン君はちょっとびっくりして、でも僕に対してもやっぱり礼儀正しく、真っ直ぐな目で、

「はい、わかってます。ありがとうございます！」

と、返してくれました。

本当はもう少し強い言葉で、次回のアポイントを反故にすることを勧めるつもりだったのですが、シン君の朗らかな返答を聞いて、もう何も言えなくなってしまいました。

「気を悪くしたらごめんね、でも本当に気をつけて」

とだけ言い残して、リョウタが戻ってくる前にとそそくさと店を出ました。

正義感なんてのはやっぱりそんな程度のものです。

二人の会話を聞いていればわかります。シン君は単に優しくて真面目なだけではあり

ません。リョウタとは対照的に賢い青年です。年齢以上なのは見ためだけではなく、精神的にも成熟して常識もあるように思えます。だから「わかってます」というのは決して嘘じゃなかったんだろうと思うのです。口ばっかりうまいヤンキーが自分のことを騙して金を吸い上げようとしている。それはわかっていたんじゃないでしょうか。

でも人間って、騙される時にも「きっと騙されてるんだろうな」と思いつつ、そうでない1パーセントの可能性に縋る生き物でもあります。

ましてシン君はリョウタというモンスターに、明らかに魅了されていました。頭が悪いとか、性根も腐っているとか、金目当てとか、そういう理性的判断はそこでは無力です。

実際僕から見ても、リョウタには異性同性関係なく人を惹きつける妖しい魅力がありました。いわゆる「人たらし」であるだけでなく、それを超えた天賦の何かです。だからこそリョウタは、かつて見たエース級ギャルのようなクレバーさは皆無であるにもかかわらず、この世界で曲がりなりにもやっていけているのでしょう。

騙される方も悪い、と言うのは簡単であり正論でもありますが、この世界はそんな業が渦巻く恐ろしい世界でもあります。その後シン君がどうなったかは、もちろん知る由もありません。僕はあの「わかってます」という力強い言い切りに縋って、彼は断るべきことだけは断ったに違いない、と無理やり自分を安心させるしかありません。

シン君が望むように子供たちに囲まれて、プロになれるかどうかはともかくピアノを弾いて歌を歌い続けてくれていたなら、最悪、貯金がすっからかんになっていたとしても僕は平穏な気持ちでいられるのですが、それが実際どうなのかもまた知る由はありません。


【後日談】

このカフェはその後、店内に「マルチの勧誘禁止。発見次第、即刻退店していただきます」と書かれたポスターを張り出しました。実際に、強固な姿勢でそれを排除していったようで、おかげで僕にはまた平穏な日々が訪れました。

しかしやっぱりここではないどこかで、残酷で滑稽で切ない「狩猟」は毎日のように続けられていることでしょう……。

8. 英国パブのマドンナ

大学2年の時に、京都の繁華街の外れにある英国式パブでアルバイトを始めました。当時は今と違って未成年の飲酒に対してずいぶんおおらかで、大学生ともなれば誰に咎められることもなく公然とそれが許されていました。僕はそれまで何度もお客さんとして訪れていたその憧れの店で働くことにしたのです。

細長い店には絨毯が敷き詰められ、壁やカウンターなどそこかしこに真鍮金具の装飾が施されていました。椅子席も一部ありましたが基本的には立ち飲みで、注文はその都度カウンターで現金払い。名物料理はフィッシュ・アンド・チップス。お客さんの半分以上はイギリス人を中心とする外国人でした。

入店したその日に、僕は先輩たちから出身高校に由来する「ラサール」というニックネームを与えられました。あまり愉快なあだ名ではありませんでしたが、当時の飲食店がどこもそうであったように、先輩の言うことは絶対です。スタッフのほとんどは僕と同学年か少し上の学生アルバイトでしたが、店歴に基づく封建的な上下関係は、この外国風の店でも厳格に守られていました。

ドリンクはキャッシュ・オン・デリバリーでしたが、フードは小さな切り取り伝票に品名とそのオーダーを受けたスタッフの頭文字を書き込んで、それがキッチンに渡されるシステムでした。頭文字といってもカタカナです。例えば「イナダ」がお客さんからフィッシュ・アンド・チップスの注文を受けたら本来なら［F＆C イ］となるわけですが、店には「イ」から始まる苗字の先輩が既にいたこともあり、僕は先輩の一人から「イ」ではなくラサールの「ラ」と書くように促され、言われるがままそれに従いました。

アルバイトの中で最年長のYさんは、学生ではなくフリーターでした。最年長といっても当時まだ20代でしたが、僕から見たYさんは圧倒的に大人でした。いや、当時の自分から見てというのはあまり適切ではないかもしれません。今の僕が当時の彼に会ったとしても「なんて堂々として大人びた立派な若者だろう」と思うような気がします。

Yさんは元ラガーマンでガタイもデカく、ついでに酒好きがたたってかその年で既に腹も出ており、存在自体に迫力がありました。海外放浪で鍛えた流暢な英語のジョークで常連客たちをいつも笑わせ、店長のGさんと並ぶ店の顔でした。そしていかにもしっかり者という雰囲気のイギリス人の彼女がいました。

入店して3日目、その日はYさんがキッチン担当でした。僕がその日受けた最初のフードオーダーの伝票をキッチンのホルダーにクリップで留め「お願いします」と声をかけると、Yさんはその伝票を見て、

「おい」

と僕を呼び止め、そしてこう言いました。

「お前の名前はラサールちゃう」

僕は最初ドキッとして、そしてとても恥ずかしくなりました。僕はクリップで留められた伝票の「ラ」の上に横棒を引き、代わりに横に「イナ」と書きました。Yさんはそんな僕の様子にちらりと目をくれると、何事もなかったように、コロモをまぶした魚を揚げ始めました。

その日から僕は初日の言いつけを無視して伝票には「イナ」と書くことにしました。

ラサールという呼び名も、当時人気のあった同名の芸人を引き合いに出して「勘弁してくださいよお」と冗談混じりでやんわり拒絶しました。名付け親にして伝票の書き方を指示した先輩とは一悶着ありそうな覚悟もしていましたが、特にそういうことも無く終わりました。伝票の「イナ」はその後「ナ」の一文字になりました。

スタッフ間の上下関係とは全く別に、店にはゆるやかなヒエラルキーのようなものがありました。

最上位にいるのは常連の外国人男性たち。そして彼らとも仲が良くほぼ毎日この店にたむろしている近所の商家の若旦那グループ。彼らは店の一番奥で毎日毎日飽きもせずダーツに興じていました。

その次に来るのが、カウンター周辺からダーツ場の隣接区域にかけての場を占める、準常連とでもいうべき最大多数の外国人男女。それから日本人の女性グループ。足繁く通う日本人女性の中の一部は店で幅を利かせている常連さんに「スカウト」され、奥でダーツに加わったりもします。

その下が日本人だけのグループやカップル。彼らは概ね立ち飲みではなく、ダーツと反対側の奥にある「一般席」と呼ばれていたスペースの椅子席に座ります。

店長とYさんを除く我々スタッフはいわば最下層です。もっとも常連外国人たちのほとんどは年若い我々にもフランクに接してくれて、接客業としては基本気持ちのいい場でした。ただし稀に人種差別的な扱いを感じることも無いではありませんでしたが、それよりもスタッフ間で評判が悪かったのは、若旦那グループの悪い意味で酒場の常連然とした横柄さでした。そしてそれ以上に我々の心をざわつかせたのは、奥のダーツグループの正式メンバーに「昇格」した日本人女性が、その途端なぜか我々に対して急に横柄になる不思議な現象でした。

日本人グループ客の中でも「ネクタイを締めたおじさんたちのグループ」は、また少し別の目で見られがちでした。一部の外国人客は彼らを「レーズンバター」「ミズワリ」といった符牒で呼び、彼らが象徴する「ニッポンのサラリーマン像」みたいなものを小馬鹿にすることがあったのです。

この店で外国人客は食べ物を注文することは少なく、あってもそれはフィッシュ・アンド・チップス一辺倒でした。しかし店にはそれ以外にも、オイルサーディンやチキンバスケット、チーズクラッカーなどの、今になって思えば昭和のバー文化やビアホール文化をそのまま受け継いだような「つまみ」もあり、ネクタイのおじさんたちは律儀にそういうものも頼んで椅子席のテーブルを一杯にしていました。その中の象徴的なフードがレーズンバターだったのです。

外国人たちにしてみれば、なんであんな腹も膨れない奇妙な食べ物に金を出すのかさっぱり理解できない、と考えていたのでしょうか。ウイスキーの水割りも同じです。あんな妙なものを飲むのは日本人のサラリーマンだけ、という認識でした。そもそも彼らはウイスキーの国から来たくせに、ウイスキーそのものを「時代遅れのダサい酒」としか捉えていないようでしたが。

スタッフの中にはそれに附和雷同する、つまり「俺は卒業してもダサいサラリーマンなんかにはならへんで」と意気がっているような者もいましたが、僕は基本的にそれを苦々しく思っていました。自分の親世代のおじさんたちが、いつもの居酒屋とは気分を変えてたまにこういう店に来てはしゃいでいる、というのはチャーミングに見えたし、レーズンバターも個人的にとても好きな食べ物でした。何よりそこにもやっぱり、うっすらと「人種差別」の臭いが漂っていることにも気づいていたからです。店長やYさんだけでなく我々も、そして彼らが下心を持って近づく日本人の女の子たちも、ここでは言うなれば「名誉白人」に過ぎなかったのかもしれません。

ある時、またぞろそういうサラリーマン集団を茶化すような話題で盛り上がっていたグループに、Yさんが毅然と割って入ったことがありました。

「ミズワリは立派なウイスキーカルチャーのひとつだ。レーズンバターは俺やお前らみたいなデブは食っちゃいけないが、味はおいしい。何よりウチの店の大事な客にケチをつけるのはやめてくれ。お前らのせいであの人たちが来なくなったらどうしてくれる？お前らみたいにビール1杯だけで1時間以上粘る客ばっかりだとこの店はあっという間に潰れるんだよ」

バツが悪そうに黙り込む彼らを最後、

「まあここが潰れたら俺が買い取ってもう1回やるけどね」

とジョークで沸かせて、Yさんはキッチンに戻りました。

この店は、隣県の繁華街にも同じ名前の系列店がありました。僕も何度かそこを訪れたことがありましたが、この店より倍以上広く、そしてずっと騒がしい店でした。

この店を愛する常連さんたちは、そちらの店の話題になると急に苦々しげな表情になりました。あっちの店は「ミート・マーケットだ」と言うのです。つまり、ナンパ目的で集まる不良外国人と、その期待に応える日本人の女の子たち、あっちの店はその需給関係で成立しているというのが彼らの見立て。それに比べてこっちは、客筋も良く上品だ、と。

確かにこっちの店は、語学教師や大学関係者、あるいは伝統工芸を学ぶヒッピー上がりが集まるなど「文化的」な雰囲気はあったと思います。しかしそれでも、それを「ミート・マーケット」と呼ぶかどうかはともかくとして、常連の白人男性と日本人の女の子たちの色恋沙汰はこの店でもやっぱり日常茶飯事ではありました。奥のダーツ場に女の子を誘う男たちは、決して彼女たちとダーツだけを楽しみたいわけではないことは明らかでした。

店に来る若い女の子たちは二人連れであることが多かったのですが、一人でふらりと立ち寄る子もまた少なくなく、そんな中の一人にJ子がいました。J子は誰が見ても概ねそう認めるであろう正統派の美人でした。そして単に美人というだけでなく、ぱっちりとした眼のベビーフェイスに、長い髪にはどこか蓮っ葉な印象を与えるウェーブがかかっていて、「真っ直ぐな黒髪に切長の眼」という外国人が好むティピカルなタイプの日本人女性とはまた異なるベクトルで、彼らの興味を強くそそる存在だったようです。

一人で来る女性たちの中でJ子が少し特殊だったのは、英語がほとんど喋れないし理解もできないという点でした。なので彼女の話し相手は外国人客たちよりもっぱら我々スタッフでした。それもあってスタッフたちはほぼ全員、彼女に対してうっすらと（もしかしたらはっきりと情熱的な）好意を抱いていました。もちろん僕自身も例外ではありませんでした。

それでもやっぱり外国人たちは彼女に群がりました。しかし彼女は話しかけられても曖昧な微笑みでなんとなくその欲望をかわすばかりで、必要以上に彼らと交わろうとはしませんでした。時にしつこい男に食い下がられると、彼女は困った表情で我々に視線を送り助けを求めました。それにいち早く気付いたスタッフは、ナイトよろしく張り切って彼女を救出しに向かうのです。

とはいってもそんな事が何回か繰り返されるうち、J子は時折はダーツに加わるようにもなり、そして最終的にマイクというヤサ男がJ子を陥落させ、1組のカップルが誕生しました。

スタッフたちの歯軋りを他所に彼女は今度はマイクと二人で店に来て、そのまま奥の常連スペースに向かうようになりましたが、マイク自身はもともとそうしょっちゅう店に来るわけでもなかったので、相変わらず彼女は度々一人でも店に来ました。そして半ば不貞腐れたスタッフたちの中で、なんとなく僕が彼女の話し相手担当、みたいなことになりました。

カウンター仕事をこなしながら彼女と話をするのは決して嫌ではありませんでしたが、その話の内容はそれまでとガラッと変わりました。もはや彼女はほぼマイクの話しかしないのです。

「わたしは英語わからないしマイクも日本語できないじゃない？」

「うん知ってる」

「でも彼、最近はわたしといる時、無理に話しかけようとしない代わりに外じゃ誰にも見せないようなすごくリラックスした顔でひたすらのんびりしてるのよね」

「……。（いいのかそれで？）」

「その顔じっと見てると、彼って子供みたいな表情でにっこり微笑むの。きっとそれって『わたしといつまでも一緒にいようね』って言ってるんだと思うの！」

「……。（どうしてそう思えるのかな？）」

しかしその数日後、彼女は真っ赤に泣き腫らした眼で店に来ました。マイクの浮気が発覚した、と言うのです。

「相手はマイクと同い年のイギリス人の女の人でね、わたしも前にこの店で彼女に会ったことがあったの」

「……。（もしかしてだけどそっちが本命だったりしない？）」

「わたしそのことを知って、彼の前で泣き喚いたのよ」

「……。（まあ、そうなるよね）」

「そしたら彼、黙ってわたしを抱きしめてくれて」

「……。（ダメなパターンだ）」

「でもわたし英語わからないしマイクも日本語できないじゃない？」

「うん知ってる」

「でも抱きしめられたまま彼の顔を見上げると、すっごく悲しそうな顔してるの。彼はきっとわたしを悲しませたことが自分でもすごく悲しくて、それを心から悔やんでるんだってわたしわかったの」

「……。（どうしてそう思えるのかな？）」

この店で度々始まる白人男性と日本人の女の子の色恋沙汰には、ある一定の共通する法則がありました。男と付き合い始めた女の子は、みるみるうちに英語が上達するのです。

スタッフの中には「生きた英会話を学びたい」という動機で働き始めた者もいましたが、会話と言ってもそのほとんどは酒と金のやり取り、という中で彼の英語はいっかな上達せず、その横をすり抜けるように流暢な英語を話し始める彼女たちを見て彼は「やってられへんわ」と、誰にも向けようのない苛立ちを吐き出していたこともありました。

最初は彼氏の横で愛想よくニコニコしていただけだった女の子も、1ヶ月もすれば常連の輪の中で流暢に自己主張するようになり、そうなったら程なくして別れが訪れます。そこまで含めてが「法則」の一環でした。

J子の場合も結局そのお馴染みのストーリーが繰り返されました。気が付けばJ子は常連グループの中で女王様のように振る舞うようになっていたのです。そして頭ひとつ背の高いマイクの顔を正面からキッと睨み、「F××K」「S××T」とフォーレターワーズを連発しながら堂々と渡り合って喧嘩をしていたこともありました。物言わぬマイクの表情から勝手に都合の良い感情だけを読み取ることはもうやめたのでしょう。

相変わらず時々は一人でも店を訪れていましたが、群がってくる男たちを時には辛辣に跳ね除け、時には上目遣いで耳元に何かを囁き、いずれにしても、もはや若造ナイトの出る幕はありませんでした。かつて彼女の愚痴聞き担当だった僕も、つつがなくその職から解任されました。

そして法則通り、J子はマイクとあっさり別れました。

それからいくらも経たないうちに、彼女はまたこの店で新しい恋を見つけました。

9．浅草のジルベール

東京の浅草に「神谷バー」という店があります。バーとは言うものの、それは、薄暗いハイカウンターに洋酒の瓶がずらりと並んでいて、そこに蝶ネクタイのバーテンダーさんが立っているような「バー」とは随分趣を異にしています。神谷バーの店内は、バーというより一見大衆酒場か大衆食堂のようです。広い店内には大小のテーブルが並び、混雑してくると相席も当たり前。

メニューはカツレツやグラタンなどの古典的な「洋食」が中心ですが、同時に冷奴やおしんこといった居酒屋然とした「つまみ」も並びます。この店が「神谷バー」と改称した明治末期から大正にかけて、東京では「○○バー」の名を冠する大衆洋食店が大流行し、この店もその中の一軒だったそうです。その当時のスタイルを今に伝えるお店ということなのでしょう。

バーと言いつつ、色とりどりの趣向を凝らしたカクテルのようなものを飲むお客さんはめったにいません。この店でほとんどの人が飲んでいるのは「電氣ブラン」という明治生まれのオリジナルリキュールです。リキュールと言ってもそう甘ったるいわけではなく、アルコール度数は30度のものと40度のものの二種類。それをストレートで飲むのがこの店の流儀。もちろん喉が焼け付くような強さですから、それと交互にジョッキの生ビールを「チェイサー」として飲むのもお約束。当然、よほど酒が強くてもあっという間にベロベロです。

にもかかわらず不思議と、この店で泥酔して大騒ぎするような行儀の悪いお客さんはまずいません。皆どことなく上品です。下町の若旦那衆が粋に飲み食いしていたり、ご隠居さんたちが下町言葉で語らっていたり、和装の女将さん風がグイグイと大ジョッキを傾けていたり。もちろん普通のサラリーマンが本を片手に静かに飲んでいたり、若い女性が一人でノートパソコンを広げて飲みながら仕事を片付けていたり。客層は幅広いのですが、皆どこか凜とした共通の雰囲気を漂わせているように感じられるのです。

ある日僕がその店で1杯目の電氣ブランを飲み干した後、いったん席を立って手洗いの順番待ちをしていた時のことです。突然、そこに歩み寄ってきた一人の中年男に声をかけられました。

「そのシャツ、いいね」

その日僕はちょっと奇妙で派手な柄のお気に入りのシャツを着ていました。お気に入りを褒められるのは確かに悪い気分ではないのですが、残念なことに僕は酒場で見知らぬお客さんに話しかけられるのはあまり得意ではありません。とりあえず簡単にお礼を述べて話を切り上げようとしましたが、男は今度は一方的に自分の話を始めました。

「今日はさ、プラネタリウムを観に行ったんだよね。でもあれだね、最近のプラネタリウムは無駄な演出が過剰でイラッとすんだよな。プラネタリウムなんてのはさ、淡々と星空だけ見せてくれたらそれでいいと思わない?」

ああ確かにそんなものかもね、と適当に相槌を打っていると、男は更に話を続けようとします。

「しかもさ、斜め前の席で、だっせえ男がおねえちゃんを口説いてるわけよ。だっせえ、金もってるぞアピールとかしちゃって、なんかもう気分悪……」

幸いそこで手洗いの個室が先にひとつ空き、僕は、お先に、と今度こそ強引に話を切り上げました。手洗いから出る時、まだ男がそこで待ち構えていたら面倒だな、とちょっと心配しましたがさすがにそんなことはなく、僕はホッとして席に戻りまたゆっくりと電氣ブラン（と、チェイサーの生ビール）を飲み始めました。

ところがそんな平穏な時間は、ものの5分で終了しました。

「あーれーえー、あんたもしかしてあれ？　モノカキ？」

背後から突然聞こえてきたその声の主はもちろんあの男でした。

その時僕は、タブレットの電子書籍アプリで小説を読んでいました。その縦組みの活字を男は背後から覗き込んでいたのです。しかもご丁寧にテーブルの傍には発売されたばかりの文芸誌も置かれていました。客観的にどう見ても「ブンガクの人」です。更に言えば僕はついさっきまでタブレットに繋いだキーボードをものすごい勢いでカタカタ叩いていました。それは単に本業である飲食の仕事上の数字を扱う無機的な資料作成だったのですが、男はその様子も遠目で観察していたのかもしれません。男の中で僕は完全に「文芸誌を傍に置いて原稿執筆に勤しむ文筆家」という誤った推理をされてしまったようです。

　普通に生活していて偶然「文筆家」という人種に出会うことは極めて稀でしょう。しかしこの神谷バーにおいてそれが起こる確率は、世間一般の十倍程度には跳ね上がりそうな気もします。幾多の文学作品にも登場する、ここはそういう店です。

　電氣ブランの酔いも手伝い、僕はちょっとした悪戯心を起こしました。タブレットをパタンと閉じて背後の彼に半身向き直り、実はそうなんだけどね、と男の推理を首肯したのです。

　続けて僕は話をなんとなく男が好みそうな方向にでっちあげてみました。自分としては確かにモノカキのつもりなんだけど10年前にちょっとした新人賞を貰ったきり結局鳴かず飛ばずでね、と。

　男の目が輝いたように見えました。

「あんた、ショーペンハウアー、読む？」

　今だけの嘘とはいえ、モノカキのプライドとして読んだことがないとも言えません。

　僕は曖昧にうなずきました。

「ショーペンハウアーはやべえよ。マジやべえ」

さっきから男がちょいちょい強引に差し挟む不似合いな若者言葉に若干イライラしつつ、とりあえず黙って話の続きを聞くことにしました。

「俺さ、10代の頃ショーペンハウアーに出会って、どハマりしたんだよね。もうね、どハマり。でさ、その時完全に魂を撃ち抜かれた言葉があって、それはね、こういうやつ」

男がそらで引用したそれは「ナニナニはナニナニだがコレコレはコレコレである」という、いかにも「哲学者の名言」らしい構文の、つまりその部分だけ切り取られてもあんまり有り難みがよくわからない一文でした。

相槌の打ちようすら無く黙っていると、男はそのまま続けます。

「この言葉ってさ、まさに今のあんたを表してるとも言えるわけ。わかる？　だからあんたは間違ってない。だいじょうぶ」

うだつの上がらないモノカキの境遇とその言葉がどう関係するのかはさらにさっぱり理解できませんでしたが、少なくとも男が僕を勇気付けようとしてくれたことだけは確かなようです。なんだか少し申し訳ないような気がしなくもありませんでした。

「あんたはだいじょうぶ。でも俺はイマイチだいじょばないんだよなあ」

と、今度は男の自分語りが始まりました。

ショーペンハウアーをきっかけに若い頃は哲学に傾倒したこと、今は40代半ばを過ぎたが時折鬱を発症するので定職にはついていないこと、その代わりだいたい毎日不忍《しのばずの》池《いけ》あたりでジョギングをしていること、そのついでに度々上野の博物館でプラネタリウムを鑑賞すること、その後はそのまま浅草まで走ってきて蕎麦屋や神谷バーに立ち寄ること。

「でさ、俺、毎日欠かさない日課があるわけ。何だと思う？　ハハ、わかるわけねっか」

いつのまにか男はじりじりと距離を詰め、ついには僕の隣の椅子の背もたれに寄りかかって、真横から僕を覗きこんでいます。僕がそこに座るよう勧めるのを心待ちにしているのは明らかですが、もちろん僕はそのアピールには気付かないふりをして、その代わりに仕方なく、その日課とは何なのかと問いました。

「ジョギングの途中とかその後とかにすれ違ったり見かけたりした人の中から『本日のMVP』を決めるわけ。毎日必ず一人決めるの」

そのMVPは、不忍池のほとりで一心不乱に絵筆を動かす絵描きの青年だったり、大きな荷物を抱えて颯爽と交差点を渡る仕事途中の若い女性だったり、喫茶店の隣の席で熱心に独特な演劇論を説く初老の男だったりと、ずいぶんバラエティに富んでいました。

男は40代半ば過ぎとのことでしたが、見ようによってはそれより10は若く、いや、むしろ幼く見えなくもありませんでした。逆にある瞬間には年齢以上に草臥《くたび》れても見えました。鬱のことを聞いたからというわけでもなく、どこか不安定でアンバランスな印象は最初から感じていました。

細身のジーパンに黒い無地のTシャツというシンプルな着こなしは、やや年齢不相応ではありましたが、どことなく都会的で気取らない洗練も感じさせます。Tシャツの首周りには不思議なリング状の金具で止められたスカーフも巻かれていました。その独特なファッションは、男が過去のどこかの時代で出会った局所的な流行を長年にわたって大事に我が物にしているような気もしました。

顔色は草臥れていましたが、くっきりとした二重瞼《ふたえまぶた》の下の黒目がちな瞳はリス科の小動物を思わせる愛嬌がありました。そこに半分かかる、くるくるとした巻き毛は一応小綺麗に整えられており、それがまた一層アンバランスに男を幼く見せていました。

漫画家・竹宮惠子の『風と木の詩』という作品があります。僕は中学生の頃、少女漫画らしからぬハードなＳＦ漫画をきっかけに彼女の存在を知り、その代表作とされているこの作品を手にしました。しかし実はこの作品にＳＦ要素は皆無で、内容は今でいうところの「ＢＬモノ」の走り。しかもかなりえげつない性描写が連続するものでした。脳の半分は常に性への興味で埋め尽くされているような年頃ではありましたが、さすがにＢＬは僕の守備範囲を大きく逸脱しており、とりあえず第一巻だけを何とも言えない気分のまま読み終えてそれっきりでした。

それでもその登場人物の一人であるジルベール・コクトーという名の退廃的で華奢な美少年のキャラクターはあまりにも印象的で、今でもその名前と絵姿は鮮明に記憶しています。

男はあろうことかこのジルベール・コクトーにどこか似ていました。もっとも幾分、いや随分と老朽化が進んだジルベール・コクトーではありましたが。

もしかしたら男は、それこそショーペンハウアーに「どハマり」した当時、このジルベールばりの美少年だったのかもしれません。おしゃれで、でも社会とうまく折り合いがつけられないまま哲学にその救いを求め、徒《いたずら》に教養だけを深め、そして今「だいじょばない」まま人生の後半を迎えている。

生活に困っている節はありません。この浅草のどこかに親がビルでも持っているんでしょうか。それならばいわゆる「高等遊民」です。そして高等遊民に相応しい、無為で文化的な毎日を送っています。そんな彼が日々選ぶ「ＭＶＰ」の選定基準は、一見脈絡が無いようですが同時にどこか共通する要素もあるようにも思えます。

決して経済社会の中心に居るわけではないけど、それぞれの場所で何らかの明確な役割を持って生きている人々。そこにはもしかしたら、男が本当はなりたくてなれなかったいくつもの姿が投影されているのかもしれません。

「今日はさ、プラネタリウムで会ったのもおねえちゃん口説くしか頭に無いクソだっせえオヤジだろ？　上野からここまで走ってくる間に、惜しい感じの女の子はいたのよ。でもＭＶＰってのとはちょっと違うかなあ、なんて思いながらここに来たわけ。でも良かったよ、今日は最後ここに来て」

それから男は思わせぶりに一呼吸置いて、こう続けました。

「今日のＭＶＰはあんただよ。だってそのシャツ、夏の花火みたいだもん」

気がつくと男は、さっきまでだらしなく寄りかかっていた椅子の背もたれの前で上体をすっくと起こし、その両手は椅子の背の両端をがっしりと握っています。僕がいつまで経ってもそこに座ることを勧めないのに痺れを切らし、自ら勝手に椅子を引いて座るための準備を整えているのは間違いありません。

それでもやっぱり強引にその行動には移せないナイーブさもあるようで、僕は正直そこに好ましいものを感じたのも事実です。というか僕は、なんだかんだ言って最初からこの男には好感を持っていたのです。言葉遣いは乱暴で時にわざとらしいけど、それはきっと照れ隠し。言葉の端々から、教養、なのかどうかはともかく、少なくとも教養への無垢な信頼が感じられます。働かずとも生活を送れる境遇が本当に羨ましいかどうかは別として、その生活のゆとりをギャンブルや女遊びで蕩尽《とうじん》するわけでもなく、とりあえず無心で身体を動かし、その後は淡々と「文化的」に過ごす日々。そしてどこか奇妙ではあるけど都会的で小綺麗な見た目。

でもやっぱり僕は、彼と酒場で隣り合わせてあたかも友人のように時を過ごすことは、何が何でも御免被りたかったのです。

その根本には、一人で入った酒場では基本的に一人で過ごしたい、という自分の頑固さがありました。でもそれだけではないのもまた確かでした。僕は彼の中に、どこか自分と共通する部分を感じていたのです。親が浅草にビルを持っていたら、もしかしたら僕は彼になっていたかもしれない。そして彼が僕にMVPを授与したというのもつまり、彼にとって僕は、なりたかったけどなれなかった姿のひとつなのかもしれない。自分たちは同種の人間。彼もそれを感じていたからこそ、僕がどれだけ気のない相槌に終始してもこうやって、いっかな諦めもせず食い下がっているのでしょう。

同種の人間なら親友になってもおかしくないのかもしれません。可能性としてそれはあります。しかしこの酒場で語り合ってはいけない。そうなってしまうと、僕にはおそらく今夜これから、普段満たされない彼の承認欲求を満たすための役割が与えられてしまう。僕は多分そう苦労することもなく器用にその役割を果たすことはできます。しかしその時僕はきっと彼に対する憐れみの感情を持ってしまう。それがたまらなく嫌でした。

彼が本当は幸せなのか、そうでないのか、それは知る由もありません。でもきっと自分はどこかで彼を憐れんでしまい、「彼のようにならなくて良かった」とすら思ってしまうかもしれません。そんなの金輪際、嫌です。

「あんたとはちょっとゆっくり話してみたいな」

椅子の背を握る彼の両手にいよいよ力が込められた気がしました。

しかし僕はきっぱりとそれを制して、最後にもう一度だけ嘘をつきました。

今日中にあと原稿用紙8枚分の小説原稿を仕上げなければいけない。久しぶりのチャンスを逃すわけにはいかないんだ、と。

そして、これ以上話を続けるわけにはいかないということを態度で示すべく、テーブルの上に食べかけで置かれていた、とうに冷め切ったマカロニグラタンをスプーンでがばりとすくって口の中一杯に押し込みました。

「そうか、だったら頑張らなくちゃいけないな」

寂しそうに踵を返して立ち去る男の背中は、日々欠かさないジョギングの成果なのでしょうか、絵の中のジルベール少年さながらに引き締まってしなやかでした。

おわりに

しょうーばい【商売】

1. 利益を上げる目的で物を売り買いすること。あきない。
2. 生活の基盤になっている仕事、職業。

飲食業は商売です。もう少しドライな言い方をすればビジネスです。飲食業はさしずめ「調理された飲食物を販売することで利益を上げるビジネス」ということになるでしょうか。

間違ってはいません。間違ってはいないのですが、実際に飲食業に携わる多くの人が、この定義にどこか座りの悪い思いを抱きそうな気もします。

「そりゃあまあ、言ってみればその通りなんだけどさ、なんかこう……違うんだよな」と。かと言って、「商いというものは、自分の為すべきことを全うして、世の中のお役に立ったそのおこぼれを頂戴するもので御座います」という「あきんどの心得」みたいなものもまた、リアルな実感とはどこか微妙に違う気もするのです。

19歳の頃、僕は大人になるのが嫌でした。当時大学生でしたから、数年後には「就職」し「社会人」となって、否が応でも大人にならねばならないことは覚悟せざるを得ませんでした。しかしそれは途方もなく恐ろしいことでもありました。

キリスト教的な思想において、労働とは神が人間に与えたもうた罰である、という考え方があるそうです。僕はキリスト教徒ではありませんが、少なくとも19歳の頃、それは現実的に差し迫った危機でした。罰を受けずに済むには……せめてその苦痛を最小限にするには、どうしたらいいのか?

三つの方法を思いつきました。
① CDを出す
② 飲食店を出す
③ 本を出す
もちろんどれも確固たる職業ではありますが、このどれかであれば、労働は「罰」ではなく「ご褒美」になると言ってもいいのではないかと考えたのです。音楽も本もおい

しいものも大好きでしたから、今度は自分がそれを作って世に送り出す側になれば、人生は佳きものになるに違いない、と。

はっきり言ってそれは妄想です。今思えば、単なる現実逃避だったのかもしれません。しかしその時は、少し真面目に考えました。いくら世間知らずとは言え、真っ先にミュージシャンや作家を目指すのはあまりに非現実的だということくらい、充分すぎるほどわかっていました。あれは才能と努力、それ以上に運に恵まれた人にしか成し得ないギャンブルです。

ですが飲食店を出すのは、なんかそういう方向でやってれば、そのうちなんとかなるのではないか、と考えたのです。なんとかなる確率がどの程度のものなのかは想像すらできませんでしたが、他の二つに比べれば桁違いだということは察していました。

逃避的で、それでいて「夢を追う」と言うにはあまりに打算的な目論見です。飲食業に携わる人々の中で、こういうふわふわとした動機でその道に入った人間は少数かもしれませんが、少なくともそこには、それすらも受け入れてくれる懐の深さのようなものがあったことは確かだと思います。

飲食業は、作ったもので誰かを喜ばせる商売です。それが生きがいとなる世界。もしかしたら、世の中のあらゆる仕事は突き詰めればそこに至るものなのかもしれません。しかし飲食業は、作り出す、そして喜んでもらう、というコール＆レスポンスが最もビビッドに目の前で繰り広げられる「商売」のひとつなのではないでしょうか。

だからそこは、もはや舞台なのです。そして店主を始めそこに携わる人々が最も恐れることは、その舞台が失われてしまうことに他なりません。つまり、何が何でも店を潰すわけにはいかないということです。ところが飲食店は、実にあっさりと潰れます。あえてビジネス的な言い回しを用いるならば「飲食業は参入障壁が低いが持続性に欠ける」ということになります。

そう、そこで遂にビジネスが登場するのです。原価、人件費、諸経費、償却費……と様々な数字のバランスを整える必要がありますし、何より根本的に、顧客を増やし、それを維持し続けなければならない。現代ではそのための様々な経営理論やマーケティング理論がありますが、多くの場合、店主たちは極めてシンプルな結論に行き着きます。

「要するに、お客さんに喜んでもらったらいいんだろう？」

お客さんに喜んでもらいたい、そのための場を失うわけにはいかない、失わないためにはお客さんに喜んでもらうしかない。「ニワトリが先か卵が先か」的な、極めてシンプルなループが飲食店の原動力です。だからそれは、利潤の最大化を目指して直線的に進む「ビジネス」とは、やはりどこか少し違うものになるのです。

とにもかくにも、お店はいつだって（様々なビジネス的制約の中で）お客さんになんとか喜んでもらおうと思っています。そしてもちろんお客さんもそれを求めてお店に行きます。本質的には幸せな世界です。しかし同時にその世界は複雑です。私とあなたは違う人。何をもって「喜び」と感じるかは、人それぞれ微妙に異なるのです。

それがたまさか一致するなら、幸せな世界は幸せなままです。しかしそうでない場合も多々あります。だから飲食店という舞台では様々なドラマが繰り広げられるのです。心に沁みるエピソードもあれば、粋な笑いもあり、ヤキモキするような展開も、滑稽なドタバタもあります。そんなドラマが楽しめるのもまた飲食店なのです。単に料理やサービスをお金で買うだけではない「風情」がそこにある。

そんな風情を味わいつつ、最終的にはハッピーエンドに至る、それこそが飲食店を楽しむということだと思います。そしてそのハッピーエンドを導くことができるか否か、それは概ね最終的に「お客さん」の側に委ねられているのではないか。それが今のところ僕の結論であり、もしかしたら本書で一番伝えたいことだったのかもしれません。

＊本書は、Ｗｅｂマガジン「考える人」の連載「お客さん物語」（２０２１年11月２日〜２０２３年５月２日）を加筆修正したものです（「お茶漬けの颯爽」のみ、「新潮」２０２１年７月号に掲載）。

稲田俊輔　料理人、「エリックサウス」総料理長。鹿児島県生まれ。京都大学卒業後、酒類メーカー勤務を経て、飲食業界へ。近著に『ミニマル料理』『食いしん坊のお悩み相談』など。

Ⓢ新潮新書

1011

お客《きゃく》さん物語《ものがたり》
飲食店《いんしょくてん》の舞台裏《ぶたいうら》と料理人《りょうりにん》の本音《ほんね》

著　者　稲田《いなだ》俊輔《しゅんすけ》

2023年9月20日　発行

発行者　佐　藤　隆　信

発行所　株式会社 新潮社

〒162-8711　東京都新宿区矢来町71番地
編集部(03)3266-5430　読者係(03)3266-5111
https://www.shinchosha.co.jp
装幀　新潮社装幀室

印刷所　錦明印刷株式会社

製本所　錦明印刷株式会社

ISBN978-4-10-611011-5　C0230

価格はカバーに表示してあります。